DEVOCIONAL

APROVADA

40 DIAS DE MATURIDADE ESPIRITUAL

Vida

Editora Vida
Rua Conde de Sarzedas, 246 — Liberdade
CEP 01512-070 — São Paulo, SP
Tel.: 0 xx 11 2618 7000
atendimento@editoravida.com.br
www.editoravida.com.br
@editora_vida /editoravida

■

Todas as citações bíblicas e de terceiros foram adaptadas segundo o Acordo Ortográfico da Língua Portuguesa, assinado em 1990, em vigor desde janeiro de 2009.

■

Direção: Renan Menezes
Editora-chefe: Sarah Lucchini
Editora responsável: Thaís P. Gomes
Assistente editorial: Larissa da Mata
Revisão: Sonia Ribeiro
Revisão de provas: Bárbara Bie
Coordenadora de design gráfico: Claudia Fatel Lino
Projeto gráfico e diagramação: Marcelo Alves de Souza
Capa: Lira Lira

As opiniões expressas nesta obra refletem o ponto de vista de seus autores e não são necessariamente equivalentes às da Editora Vida ou de sua equipe editorial.

Os nomes das pessoas citadas na obra foram alterados nos casos em que poderia surgir alguma situação embaraçosa.

Todos os grifos são do autor, exceto os indicados.

1. edição: jun. 2025

Dados Internacionais de Catalogação na Publicação (CIP)
(Câmara Brasileira do Livro, SP, Brasil)

Franco, Bianca
Devocional Aprovada : 40 dias de maturidade espiritual / Bianca Franco. -- 1. ed. -- São Paulo : Editora Vida, 2025.

ISBN 978-65-5584-734-5
e-ISBN 978-65-5584-733-8

1. Bíblia - Estudos 2. Escrituras cristãs 3. Literatura devocional 4. Palavra de Deus I. Título.

25-269719 CDD-242

Índice para catálogo sistemático:

1. Literatura devocional : Cristianismo 242
Aline Graziele Benitez - Bibliotecária - CRB-1/3129

Sumário

Carta para você

Querida amiga,

Essa jornada é para mulheres de Deus. Serão 40 dias para ensinar você a crescer no seu compromisso com o Senhor, renovar sua mente e fortalecer sua fé.

Embora todas tenhamos passado por momentos difíceis, nem tudo está perdido. É possível experimentar cura em Jesus. Foi o que aconteceu comigo.

Nasci em um lar disfuncional e, logo aos 12 anos, fui me envolvendo com más companhias, que me apresentaram a uma vida vã, cheia de vícios, de lugares que não me cabiam e de relacionamentos precoces. Assim, quando encontrava pela rua famílias de mãos dadas e sorrindo, meu coração doía, ansiando por um lar feliz, mesmo achando que nunca o teria, nem o merecia.

Mesmo depois de começar a trabalhar para sustentar minha casa, a sensação era que meu valor continuava não sendo reconhecido. Eu era imbatível e tinha uma força absurda, e isso me fazia sentir bem, mas não satisfeita. Por isso, em meio a prêmios profissionais, eu ia de relacionamento em relacionamento, buscando preencher meu vazio interior, porém me sentindo usada, como se meu único valor fossem meus resultados. No fundo de meu coração, eu também sentia falta da proteção de um pai. Eu estava cansada de me sentir rejeitada em casa e fora dela. O que eu mais queria era ser acolhida, aceita, validada, amada, cuidada e valorizada. Para mim, a palavra que resume tudo isso é "aprovada". Ela engloba o desejo que eu tinha, e que muitas de nós temos, de me sentir preciosa.

Felizmente, minha vida não parou por aí. Aos 22 anos, em um lugar inesperado, ouvi uma voz que dizia: "Este não é o seu lugar. Eu quero mudar a sua história". Hoje, tudo é diferente. O Senhor ressignificou meu contexto e agora posso dar o testemunho de uma mulher real, que viveu uma transformação real. Tenho uma família estruturada para chamar de minha, um casamento saudável, e sou mãe de um filho que consagrei ao Senhor.

Por seu sangue na Cruz, Jesus me concedeu livre acesso ao Pai, a uma nova identidade e a uma restauração. Não sou mais uma mulher abandonada, rejeitada e esquecida. Agora sou filha de Deus, escolhida e perdoada, e ele mostrou que tem grandes planos para minha vida.[1]

Assim como eu, você também pode descobrir que é aprovada em Cristo. Se você ainda não tem Jesus como seu Senhor e Salvador, hoje é o dia de tomar essa decisão. Só nele você encontrará sentido e plenitude em sua caminhada. Poderá experimentar uma nova vida, e, ao mesmo tempo, não sentir vergonha de sua história, pois o Senhor usará cada vírgula dela para alcançar pessoas que, por meio de seu exemplo, saberão que nele podem vencer também.

---

1 Se quiser conhecer todos os detalhes sobre a infância de Bianca, sua jornada do mundo a Cristo, sua linda história de amor e sua nova vida hoje, você encontrará tudo isso em seu livro *Aprovada: a cura da rejeição* (São Paulo: Vida, 2024).

Se você já tem Jesus no trono de seu coração, o próximo passo que você deve dar é a santificação, ou seja, é continuar vivendo a transformação que Deus começou em você, sem retroceder ao cativeiro do passado.

Você não pode voltar atrás. Não pode reviver aquilo que já foi vencido. O velho comportamento já não condiz com sua nova identidade. Tornar-se uma nova criatura exige comprometimento com Cristo. Sua postura daqui para frente precisa refletir o que Deus realizou em você, e isso acontecerá por meio das renúncias que fará no altar. Nessa fase, é preciso ter humildade e sabedoria, a fim de ouvir e obedecer a tudo que o Senhor lhe manda. A mudança e a maturidade espiritual precisam alcançar todas as áreas da sua vida. Portanto, se seu futuro depende das decisões que tomará, decida hoje buscar mais a Deus, cultivando uma vida devocional, de crescimento e investimento espiritual.

Hoje, ele espera um posicionamento de sua parte.

Este livro é mais uma ferramenta valiosa que ajudará você a se alinhar ao plano do Senhor para sua história. Com ele, durante esses 40 dias, você poderá entrar em um novo nível espiritual e experimentar uma maturidade que até então não conhecia. Para obter o máximo de proveito, recomendo que faça essa leitura em jejum. A cada dia, leia os versículos dedicados a cada tema, faça anotações, responda à pergunta para reflexão e ore ao final. Através da mensagem bíblica e dos conselhos aqui contidos, o Espírito Santo conduzirá você ao lugar de obediência. Peça que ele a ensine, pois certamente será o seu melhor mentor. Garanto que este livro fará a diferença em sua vida e teremos momentos enriquecedores juntas.

Com carinho,
Bianca Franco

Prefácio

É um prazer apresentar a você este segundo livro de minha esposa. O que você tem em mãos não é mais um devocional bonito; é o fruto da entrega dela a Deus, uma resposta a seu chamado. Se você leu *Aprovada: a cura da rejeição*, já teve uma amostra do que o Senhor pode fazer na história de uma pessoa. Mas o que Bianca traz agora vai além: ela não fala apenas de feridas específicas, mas de como viver com Deus todos os dias, em todas as áreas da vida, com leveza, coragem e propósito.

Antes de convidar você para essa jornada, ela mesma trilhou o caminho de deixar que Deus a tocasse em áreas que ninguém vê. Permitiu que ele refizesse sua história, restaurasse sua identidade, curasse o que precisava ser curado. E agora, com o coração renovado, ela compartilha com você o que aprendeu. A cada página, você vai perceber que está sendo conduzida por alguém que a entende, que já sentiu dores parecidas com as suas, mas que escolheu não parar nelas.

Bianca vive o que prega aqui, e posso dizer isso com o coração tranquilo, porque acompanho sua trajetória de perto. Um dos temas deste livro é priorizar sua família, e nisso ela é incrível aos meus olhos. Afinal, mesmo em um tempo de grande expansão de seu ministério, sempre me senti sua prioridade, assim como nosso filho Benício, que é amado, cuidado e protegido por seu coração de mãe. Sou imensamente grato ao Senhor por ter nos unido e entrelaçado nossos chamados.

Vê-la escrever este devocional foi como assistir alguém derramar a própria alma diante de Deus — com verdade, vulnerabilidade e fé. Nenhuma palavra aqui veio da superfície. Tudo nasceu da intimidade com o Senhor, de momentos silenciosos, de confrontos internos, de curas profundas. E isso faz toda a diferença.

Este livro será muito útil para você. Aqui, de maneira simples e clara, você encontrará temas que vão desde a restauração da identidade até a superação da solidão, desde o perigo do vitimismo até o uso da voz a favor do Reino de Deus, desde as feridas da orfandade até a confiança plena no governo divino. Assim, aprenderá como adotar um estilo de vida de santidade, de renúncia e de aprendizado. Este é um material completo a ser aplicado na prática e que, com o poder de Deus, pode transformar sua história. Suas dores se tornarão testemunhos da bondade e misericórdia do Pai, que faz novas todas as coisas. Desejo a você uma edificante leitura.

Hugo Brito

Pastor sênior da Igreja Batista Lagoinha de Cuiabá

Dia 1

O começo de uma nova história

Já não sou eu quem vive,
mas Cristo vive em mim.
Gálatas 2.20

Todo ser humano carrega um vazio profundo na alma até que o Senhor o preencha. No entanto, quando temos a consciência de nossa aprovação por ele, saímos da sutil prisão da rejeição, que nos obriga a agradar a todos.

Todas nós temos a necessidade de pertencer a uma comunidade e estabelecer conexões. Quando não somos aprovadas, acolhidas e aceitas pelas pessoas ao nosso redor — seja em casa, na escola, no trabalho ou na busca de um relacionamento amoroso —, isso nos impacta profundamente, até mesmo a nível fisiológico. Além disso, feridas como abandono ou abuso intensificam a sensação de rejeição, chegando a afetar nossa própria percepção de identidade.

Contudo, uma coisa é certa: quando aceitamos Jesus, ele intervém em nossa história e ela é completamente transformada. Há um divisor de águas, um antes e um depois. Ele muda o nosso interior, mostra que somos aceitas e aprovadas a seus olhos, e toda aquela bagagem pesada de desaprovações começa a cair. Passamos a não depender mais da opinião de homens, como diz Paulo: "Acaso busco eu agora a aprovação dos homens ou a de Deus?" (Gálatas 1.10).

Essa pergunta nos confronta e nos reposiciona. Uma vez que encontramos o verdadeiro amor, não somos mais rejeitadas nem dependentes da validação alheia.

O decreto muda. O cenário é transformado. Toda dependência emocional é quebrada. Quando depositamos todas as nossas rejeições nas mãos de Jesus e descobrimos que nele jamais seremos reprovadas, não precisamos mais desperdiçar nossa força tentando provar nosso valor e mudar a visão das pessoas sobre nós. Agora, o único que define quem somos é Cristo.

A Bíblia diz que nele somos novas criaturas (cf. 2Coríntios 5.17), e toda nova criatura é aprovada por Deus. Daqui para frente, seus comportamentos, suas decisões, suas renúncias, tudo isso carrega a marca da graça. Afinal, "já não sou eu quem vive, mas Cristo vive em mim" (Gálatas 2.20). Não somos mais reféns de validações humanas, pois fomos seladas com o selo da aprovação do Céu.

Redimida, salva, restaurada, amada, perdoada, herdeira, abençoada: esses são nossos novos nomes.

Porém, isso é só o começo de nossa nova história. Ela não para por aí. Após aceitarmos a Cristo e nele sermos aprovadas por Deus, começamos uma nova jornada, a santificação. Ela é a libertação da mentalidade antiga, de padrões distorcidos e das amarras emocionais. Afinal, o Senhor nos aprova, mas isso não significa que ele aprova tudo o que fazemos, pois ainda precisamos lutar contra o pecado. Esse caminho de renúncia ao pecado, que seguimos por gratidão e adoração a Deus, conduz à maturidade espiritual.

Esse é o caminho que você aprenderá a seguir neste livro. Dia após dia, este devocional irá apresentar a você um novo nível de vida com Deus. Não será fácil andar por essa trilha, pelo contrário, a Bíblia a compara a um portão estreito (cf. Mateus 7.13). Mas Jesus irá com você, e isso garante sua chegada ao destino. Seja bem-vinda à trajetória da mulher cristã.

"Após aceitarmos a Cristo e nele sermos aprovadas por Deus, começamos uma nova jornada, a santificação."

Promessas para receber:

- "Tendo sido, pois, justificados pela fé, temos paz com Deus, por nosso Senhor Jesus Cristo [...] Não só isso, mas também nos gloriamos nas tribulações, porque sabemos que a tribulação produz perseverança; a perseverança, um caráter aprovado; e o caráter aprovado, esperança." (Romanos 5.1-4)
- "Entrem pela porta estreita, pois larga é a porta e amplo o caminho que leva à perdição, e são muitos os que entram por ela. Como é estreita a porta, e apertado o caminho que leva à vida! São poucos os que a encontram." (Mateus 7.13-14)
- "Não importa o que aconteça, exerçam a sua cidadania de maneira digna do evangelho de Cristo, para que assim, quer eu vá e os veja, quer apenas ouça a seu respeito em minha ausência, fique eu sabendo que vocês permanecem firmes num só espírito, lutando unânimes pela fé evangélica." (Filipenses 1.27)

Pergunta para refletir:

Você tem notado sua necessidade de crescer e amadurecer na vida com Cristo? Em quais áreas percebe isso mais claramente?

Motivos para orar:

- Agradeça porque o Senhor a aprovou e lhe deu uma nova vida.
- Agradeça porque ele tem um plano de crescimento para você, e porque promete estar ao seu lado nessa jornada.
- Peça a Deus que a ajude a, dia após dia, viver de forma digna dele.

Dia 2

Quem é Jesus para você?

Perguntou [Jesus] a seus discípulos: "Quem os homens dizem que o Filho do homem é?". Eles responderam: "Alguns dizem que é João Batista; outros, Elias; e, ainda outros, Jeremias ou um dos profetas". "E vocês?", perguntou ele. "Quem vocês dizem que eu sou?". Simão Pedro respondeu: "Tu és o Cristo, o Filho do Deus vivo".
MATEUS 16.13-16

A pergunta mais importante da vida é: "Quem é Jesus para você?".

Dentre todos os que ouvem falar dele, muitos têm ideias erradas, pois não o conhecem como a Bíblia ensina. Pensam que ele foi apenas um grande mestre, uma figura histórica ou um sábio. Outras pessoas, apesar de saberem o que a Bíblia ensina, não creem pessoalmente nisso e, assim, não o adoram. Por isso, é tão importante decidir quem ele é *para você*. Essa questão decide seu destino após este mundo: vida eterna ou morte eterna.

Primeiro, vejamos quem a Bíblia diz que ele é. Acima de tudo, Jesus Cristo não é um homem qualquer. Ele é Deus. Apresentou-se assim: "Eu e o Pai somos um" (João 10.30). Jesus afirmou ser Eu Sou, isto é, o próprio Jeová, aquele que sempre existiu, muito antes de Abraão e os outros pais da nação de Israel nascerem (cf. João 8.58). Quando pessoas se curvavam diante dele e o adoravam, ele não as corrigia, pois realmente era merecedor daqueles louvores.

Sendo Filho de Deus e igual ao Pai, Jesus tem todos os títulos que o Pai tem: Adonai ("Senhor"), El Eliom ("O Altíssimo"), Elohim ("Criador, poderoso e forte"), El Shaddai ("Deus Todo-poderoso"), Jeová Shalom ("Deus é a nossa paz"), Jeová Rafah ("O Deus que nos cura"), Jeová Jireh ("O Deus que provê"), Jeová Shamah ("O Deus que está sempre presente"), Jeová Rohi ("O Deus que é nosso pastor"), Jeová Sabaoth ("O Senhor dos Exércitos"), Jeová Makadesh ("O Deus que nos santifica"), El Roi ("O Deus que tudo vê") e El Olam ("O Deus eterno"). Jesus é tudo isso e vai além.

Além de ser nosso Deus e Senhor, Jesus é o Salvador, o Messias prometido que deveria vir ao mundo para tirar os pecados de seu povo (cf. João 1.29). E ainda mais do que isso: ele é o único caminho de volta para o Senhor ("Ninguém vem ao Pai, a não ser por mim", João 14.6). Ele é a ponte perfeita entre Deus e a humanidade. Não há outro meio de reconciliação, não há outro nome pelo qual possamos ser salvas (cf. Atos 4.12). Há quem diga que muitos caminhos levam a Deus, mas não é isso que lemos na Bíblia. Ela diz que apenas Jesus é esse caminho, ele é a única verdade.

Custou caro para Jesus ser esse nosso caminho de volta para Deus: foi necessário que o Pai colocasse sobre ele o castigo pelo pecado que era nosso, isto é, que o esmagasse e o fizesse sofrer em nosso lugar (cf. Isaías 53), pois o pecado não pode ficar impune. Nosso Senhor fez-se servo, se humilhou, suportou escárnio, foi desprezado durante toda a sua vida, sofreu até suar sangue e, enfrentando a Cruz, entregou-se por amor, como sacrifício perfeito a Deus, vencendo a morte e tornando-se tudo o que precisamos para termos a vida eterna. Só à custa desse alto preço ele pôde restaurar nosso relacionamento com o Pai. Jesus prometeu: "Eu lhes asseguro: 'Quem ouve a minha palavra e crê naquele que me enviou, tem a vida eterna e não será condenado, mas já passou da morte para a vida'" (João 5.24). Isso significa que, se você creu nele, pode ter certeza de que já está salva e não irá para o inferno; não é pelas coisas boas que fazemos que seremos salvas, mas pelo sangue de Jesus. Ele é o nosso resgate. Ele é o nosso Redentor, Salvador, Senhor e Rei, e hoje está assentado no trono à direita do Pai, intercedendo por nós.

Porém, o fato de sabermos tudo o que as Escrituras nos ensinam sobre Jesus não é suficiente. A Palavra diz claramente que até os demônios sabem quem Jesus é (cf. Lucas 4.41), mas se rebelam contra ele. Eles diziam: "Que temos nós contigo, Filho de Deus? Vieste aqui nos atormentar antes do tempo devido?" (Mateus 8.29, A21), ou seja, "Sabemos quem você é, mas não queremos ter nada a ver com você, Filho de Deus". Portanto, é necessário crer em Jesus para receber a salvação. E você, se curva diante dele e o adora como Deus e Salvador?

Entre as declarações de fé mais lindas da Palavra, vinda de alguém que sabia quem Jesus

“O fato de sabermos tudo o que as Escrituras nos ensinam sobre Jesus não é suficiente [...] É necessário crer nele para receber a salvação.”

era e o adorava, está a de Marta, pouco antes de Jesus ressuscitar seu irmão Lázaro:

> Disse-lhe Jesus: "Eu sou a ressurreição e a vida. Aquele que crê em mim, ainda que morra, viverá; e quem vive e crê em mim, não morrerá eternamente. Você crê nisso?" Ela lhe respondeu: "Sim, Senhor, eu tenho crido que tu és o Cristo, o Filho de Deus que devia vir ao mundo [...] [e] Deus te dará tudo o que pedires." (João 11.25-27, 22)

Sendo assim, se você o conhece, mas ainda não se curvou diante dele, você precisa tomar uma decisão. Está escrito: "Prepare-se para encontrar-se com o seu Deus, ó Israel" (Amós 4.12). Ele voltará para buscar os que são seus, e todos se curvarão perante ele, até mesmo aqueles que o farão contra sua vontade. "Eis que ele vem com as nuvens, e todo olho o verá, até mesmo aqueles que o traspassaram; e todos os povos da terra se lamentarão por causa dele" (Apocalipse 1.7). Se ele ainda não é seu Senhor e Salvador, a hora de fazer sua escolha é agora mesmo, pois você não sabe o que pode acontecer amanhã. Hoje é o tempo de salvação. Posicione-se.

Promessas para receber:

- "Não há salvação em nenhum outro." (Atos 4.12)
- "Quem vier a mim eu jamais rejeitarei." (João 6.37)
- "Senhores, que devo fazer para ser salvo?". Eles responderam: "Creia no Senhor Jesus, e serão salvos, você e os de sua casa." (Atos 16.30-31)
- "Deus o exaltou à mais alta posição e lhe deu o nome que está acima de todo nome, para que ao nome de Jesus se dobre todo joelho, no céu, na terra e debaixo da terra, e toda língua confesse que Jesus Cristo é o Senhor, para a glória de Deus Pai." (Filipenses 2.9-11)

Pergunta para refletir:

Descreva com suas palavras quem é Jesus para você.

Motivos para orar:

- Agradeça porque Deus enviou seu Filho ao mundo, para que todo o que nele crê não morra, mas tenha a vida eterna.
- Agradeça porque basta crer no Senhor e você será salva.
- Independentemente de Cristo já ser seu Salvador, peça que ele perdoe seus pecados e reine em seu coração.

Dia 3

Não mais superficialidade, mas profundidade

O meu povo cometeu dois crimes: eles me abandonaram, a mim, a fonte de água viva, e cavaram as suas próprias cisternas, cisternas rachadas que não retêm água.
JEREMIAS 2.13

A superficialidade na vida espiritual não agrada a Deus. Na busca de nossos próprios interesses, muitas vezes o Senhor é a nossa última prioridade, e lhe damos nossas migalhas. Dizemos que a rotina está corrida e que nos falta tempo para ter profundidade com ele; mas isso não passa de desculpas, porque quando amamos alguém ou alguma coisa, sempre arranjamos tempo. Sabe o que acontece quando Deus não ocupa o primeiro lugar para nós? Ele não nos abençoa. E é exatamente por isso que estamos na correria: porque queremos sempre mais — mais dinheiro, mais realizações, mais diversão —, mas nunca ficamos satisfeitas. O Senhor explica de maneira bem simples por que isso acontece:

> Vejam aonde os seus caminhos os levaram. Vocês têm plantado muito, e colhido pouco. [...] Aquele que recebe salário, recebe-o para colocá-lo numa bolsa furada [...] Vocês esperavam muito, mas, para surpresa de vocês, acabou sendo pouco. E o que vocês trouxeram para casa eu [mesmo] dissipei com um sopro. E por que fiz isso? [...] Por causa do meu templo, que ainda está destruído, enquanto cada um de vocês se ocupa com a sua própria casa. Por isso, por causa de vocês, o céu reteve o orvalho e a terra deixou de dar o seu fruto. (Ageu 1.5-10).

Nessa passagem, o "meu templo, que ainda está destruído" simboliza nossa vida com Deus, que está fraca e superficial. O Senhor fica ofendido porque "cada um de vocês se ocupa com a própria casa", em vez de buscar primeiro a profundidade com ele (cf. Mateus 6.33). Você pode pensar: "Mas eu não abandonei Jesus, só não tenho tempo porque minha vida é corrida". É aqui que entra o versículo inicial.

Quando Deus fala sobre "cisternas rachadas, que não retêm água", ele está falando que as outras coisas em que buscamos felicidade são como um balde furado, que cedo ou tarde vai ficar vazio; em lugar dessas coisas, deveríamos ter buscado o Senhor, que é a fonte inesgotável de água viva.

Precisamos aprofundar nossas raízes nele. Precisamos renunciar a nós mesmas e nos arrepender da superficialidade, da falta de compromisso e da falta de amor por Jesus. A profundidade com Deus não é algo opcional e apenas para umas poucas pessoas espirituais, ela é a obrigação de todo aquele que crê. Caso contrário, nosso amor por Cristo é uma mentira. Ou tudo, ou nada. Não podemos ficar em cima do muro.

Jesus fala várias vezes na Palavra que ele é a água viva de que precisamos: "Quem beber desta água terá sede outra vez, mas quem beber da água que eu lhe der nunca mais terá sede" (João 4.13-14). Nosso Senhor nos chama a buscar felicidade nele: "Jesus levantou-se e disse em alta voz: 'Se alguém tem sede, venha a mim e beba'. Quem crer em mim, como diz a Escritura, do seu interior fluirão rios de água viva" (João 7.37-38).

Refrigerante não mata sede, mas a água, sim. O ser humano não vive sem água, seja para se alimentar ou para se lavar. É por isso que Deus se refere em vários textos bíblicos à água: porque ela é um dos símbolos da presença do Espírito Santo em nossa vida. Jesus se apresenta como a água viva para nós, só ele sacia a nossa sede interna. É por abandonarmos as águas que ficamos em cativeiro.

Mulher, você precisa se saciar em Jesus. Você precisa beber mais dessa água que nos satisfaz. Quanto mais o conhecer, mais e mais você vai querer dele. É o que diz essa outra passagem. Nela o profeta Ezequiel teve uma visão em que estava com um mensageiro do Senhor, e este lhe mostrou um mistério:

> Vi água saindo de debaixo da soleira do templo [...] O homem foi para o lado leste com uma linha de medir na mão,

"Jesus se apresenta como a água viva para nós, ele é a fonte que sacia a nossa sede interna. É por abandonarmos as águas que ficamos em cativeiro."

> e, enquanto ia, mediu quinhentos metros e levou-me pela água, que batia no tornozelo. [...] Mediu mais quinhentos e levou-me pela água, que chegava ao joelho. [...] Ele mediu mais quinhentos e levou-me pela água, que batia na cintura. [...] Mediu mais quinhentos, mas agora era um rio que eu não conseguia atravessar, porque a água havia aumentado e era tão profunda que só se podia atravessar a nado; era um rio que não se podia atravessar andando. Ele me perguntou: "Filho do homem, você vê isto?" Levou-me então de volta à margem do rio. Quando ali cheguei, vi muitas árvores em cada lado do rio [...] [E o homem disse:] "Por onde passar o rio haverá todo tipo de animais e de peixes. [...] onde o rio fluir tudo viverá." (Ezequiel 47.1-9)

Por onde passar Jesus, o rio da água viva, tudo viverá. Nossa caminhada com ele começa com a água no tornozelo, mas deve se aprofundar até o joelho, até a cintura, e finalmente chegar a um ponto em que precisamos nadar. Quando não podemos mais tocar os pés no chão, não estamos mais no controle. Esse é o nível que precisamos almejar. Não podemos confiar em nossa própria força, em nosso braço, em nossa inteligência, dinheiro e recursos. Tudo de que precisamos está em Jesus, e nesse rio há muito mais do que pensamos.

Promessas para receber:

- "Como a corça anseia por águas correntes, a minha alma anseia por ti, ó Deus." (Salmos 42.1)
- "Sendo assim, aproximemo-nos de Deus com um coração sincero e com plena convicção de fé, tendo os corações aspergidos [com água] para nos purificar de uma consciência culpada e tendo os nossos corpos lavados com água pura." (Hebreus 10.22)
- "Ó Deus, tu és o meu Deus, eu te busco intensamente; a minha alma tem sede de ti! Todo o meu ser anseia por ti, numa terra seca, exausta e sem água." (Salmos 63.1)

Pergunta para refletir:

Que nível de vida com Deus você tem? O que vai fazer para ter maior profundidade com ele?

Motivos para orar:

- Agradeça porque Deus a ama e não desiste de você, mesmo quando você busca felicidade em outras coisas acima dele.
- Agradeça porque ele é o único capaz de satisfazer nossa sede interior.
- Peça que Jesus lhe dê um coração sensível que a leve a uma vida de mais profundidade.

Dia 4

Há poder no sangue de Jesus

O sangue de Jesus, seu Filho, nos purifica de todo pecado.
1JOÃO 1.7

Sangue é uma palavra que assusta, concorda?

Então, por que falarmos sobre isso? Porque é uma questão de vida ou morte para nós, cristãs.

No passado, o sangue, que representa vida, era algo muito usado em sacrifícios, e vemos isso até hoje, em religiões de origem africana; eram mortos animais e até pessoas para apaziguar divindades falsas e demônios. Contudo, para nós, o sangue de Jesus é algo preciosíssimo, algo tão puro quanto água cristalina, porque é a única forma de sermos lavadas e perdoadas de todos os nossos pecados. Diferentemente de outras religiões, em que o ser humano é quem oferece sangue a seus deuses, no nosso caso, foi o próprio Deus que o ofereceu por nós, à custa de sua vida, como a maior prova de amor que existe. O Senhor Jesus nos disse: "Ninguém tem maior amor do que aquele que dá a sua vida pelos seus amigos" (João 15.13).

A Bíblia conta em Êxodo 12 que, quando o povo de Israel estava prestes a sair do Egito, o Senhor os orientou a pintar o batente da porta de suas casas com sangue, para que não fossem mortos quando o anjo da morte enviado por ele matasse os filhos dos egípcios. O sangue foi um sinal protetor contra o juízo de Deus, simbolizando o sangue de Jesus, que hoje nos purifica de todo pecado. Ele é fonte de vida e poder, proteção e promessa para nós. Quando pedimos a Deus que nos lave de nossos pecados e nos cubra com seu sangue, experimentamos o seu poder doador de vida. É a própria vida de Jesus em nós. Por nós mesmas, não somos capazes de nos livrar de nossos pecados, mas Jesus pode apagá-los com a tinta do seu sangue. Foi através dele que obtivemos nossa nova identidade de perdoadas, amadas e aprovadas, e nos tornamos filhas de Deus. Diga em seu coração: "Eu fui chamada por Jesus, atraída por seu amor, redimida por seu sangue e transformada por sua graça".

Na lei que Deus dera a Israel, tudo se purificava com sangue de ovelhas, bodes e bois, pois está escrito: "A vida da carne está no sangue, e eu o dei a vocês para fazerem propiciação por si mesmos no altar; é o sangue que faz propiciação pela vida" (Levítico 17.11). Os animais eram levados para o sacrifício contra a sua vontade, e seu sangue tinha de ser oferecido com frequência, pois era apenas um símbolo do Salvador que viria. Quando veio Jesus, o Cordeiro de Deus, seu sacrifício foi maior que o de animais. Ele cumpriu todas as profecias a respeito do Salvador, se ofereceu de maneira livre e espontânea, e seu sacrifício foi feito de uma vez por todas, para sempre, obtendo eterna redenção para nós (cf. Hebreus 9.12-14). É graças a seu sangue que agora podemos servir ao Deus vivo e nos aproximar dele com confiança.

Nessa passagem, há um detalhe especial: "o sangue de Cristo [...] purificará a nossa consciência de atos que levam à morte" (v.13), ou seja, de pecados em palavras, ações, escolhas, desejos e até pensamentos. O mundo nos engana e destrói com seus prazeres, mas Jesus nos cura com seu sangue. Pelo pecado, você entra pela porta do inferno, mas, pelo sangue, você acessa a eternidade. Ele livra você da escravidão e da punição do pecado. Quando Jesus morreu, ele disse: "Está consumado!". Está consumada a sua culpa pelo passado, as suas dores, a sua humilhação e os seus sofrimentos por estar longe de Deus. Pelo sangue, você acessa perdão e reconciliação. O sangue a restaura.

Querida, louve a Jesus por seu sangue. É por causa dele que você é redimida. É por causa do sangue que ele nos poupa e nos limpa. Não basta você saber que Jesus é o Cordeiro de Deus que se sacrificou por nós e que ele morreu na Cruz. É necessário que você se aproprie desse sacrifício. Ou você está no sangue, ou não terá salvação. Você estará condenada e no território de Satanás até que se aproprie do sangue de Jesus. Tudo se resume ao sangue! Valorize-o.

Promessas para receber:

- "João [Batista] viu Jesus aproximando-se e disse: 'Vejam! É o Cordeiro de Deus, que tira o pecado do mundo!'" (João 1.29)
- "Portanto, irmãos, temos plena confiança para entrar no Lugar Santíssimo pelo sangue de Jesus, por um novo e vivo caminho que ele nos abriu [...] 'Nunca mais me lembrarei dos seus pecados nem das suas iniquidades'." (Hebreus 10.22, 17)
- "Portanto, visto que temos um grande sumo sacerdote que adentrou os céus, Jesus, o Filho de Deus, apeguemo-nos com toda a firmeza à fé que professamos [...] aproximemo-nos do trono da graça com toda a confiança, a fim de recebermos misericórdia e encontrarmos graça que nos ajude no momento da necessidade." (Hebreus 4.14-16)

Pergunta para refletir:

Você já está coberta pelo sangue de Jesus? Se sim, cite um versículo que comprove que você está salva para sempre, e não precisa mais ter medo do inferno.

Motivos para orar:

- Agradeça porque Deus nos amou tanto que deu seu Filho para morrer por nós.
- Agradeça porque, graças ao sangue de Jesus, temos perdão e livre acesso ao Pai.
- Peça pela salvação das pessoas próximas a você.

Dia 5

Não coloque ninguém como mediador em sua vida com Deus

Porei a minha lei no íntimo deles e a escreverei nos seus corações [...] Ninguém mais ensinará ao seu próximo nem ao seu irmão, dizendo: "Conheça ao Senhor", porque todos eles me conhecerão, desde o menor até o maior.
JEREMIAS 31.34

Na vida cristã, não podemos ser dependentes de ninguém. Só precisamos de uma pessoa: o Espírito Santo, que Jesus enviou para habitar em nós.

No entanto, temos a tendência errada de atribuir a pessoas o papel que é exclusivo dele, muitas vezes pedindo que pessoas "mais crentes" do que nós — gente que "é mais próxima de Deus", como pastores e cristãos mais maduros — orem em nosso favor, como se nossa oração não fosse suficiente. Veja bem, orações de intercessão são preciosas e necessárias, mas cada uma de nós é chamada a buscar a Deus de uma maneira pessoal e direta, sem terceirizar nossa fé, colocando intermediários no nosso relacionamento com Deus e caindo numa dependência espiritual equivocada.

Outra forma de buscarmos mediadores é quando precisamos de conselhos. Às vezes, por exemplo, buscamos mais respostas em livros cristãos, escritos por pessoas falhas, do que a ajuda do Espírito para entender a Palavra, escrita pelo próprio Deus. Costumamos correr atrás de respostas humanas, mas não acessamos a verdadeira fonte de sabedoria, que é o nosso grande Conselheiro. Novamente, não é errado buscar conselhos humanos, mas, às vezes, vamos primeiro a eles do que ao Senhor. Há coisas que só Deus é capaz de dizer a nós.

Jesus disse: "O Conselheiro, o Espírito Santo, que o Pai enviará em meu nome, ensinará a vocês todas as coisas e fará vocês lembrarem tudo o que eu disse" (João 14.26). O Espírito nos ensina todas as coisas, principalmente quando não sabemos como proceder. Ele é nosso professor e quer nos revelar todas as coisas (cf. Jeremias 33.3). Será que o temos colocado no centro das nossas perguntas? Será que é ele quem tem guiado nossas decisões, mais do que qualquer pessoa que possa nos aconselhar? Será que temos atribuído a ele a dependência que lhe é devida? Ou estamos agindo de forma independente, lançando sobre outros a responsabilidade que não lhes pertence?

Se ele não está em primeiro lugar, nós nos frustramos porque condicionamos nossa fé à fé de outros, quando, na verdade, Deus nos chama para um relacionamento pessoal e intransferível com ele. A Bíblia fala claramente sobre isso: "Quanto a vocês, a unção que receberam dele [o

Espírito] permanece em vocês, e não precisam que alguém os ensine; mas [...] [ele] os ensina acerca de todas as coisas" (1João 2.27).

Por tentar controlar a maneira como Deus deve falar conosco, muitas vezes nossa fé continua fraca ou até entra em crise. Entretanto, o verdadeiro relacionamento com ele vem pelo meio divino, não humano. Tudo depende da manifestação e do poder conciliador do Espírito Santo. Talvez nossa vida espiritual seja fraca porque não queremos que o verdadeiro Conselheiro interceda por nós de forma definitiva.

Louvado seja o Senhor porque, diferentemente do passado, quando o povo de Israel precisava de um sumo sacerdote para se aproximar de Deus pois havia um véu que os separava de sua presença no tabernáculo, hoje o véu está rasgado e temos livre acesso a ele, por meio de Jesus (cf. Hebreus 10.19-20).

Portanto, se o véu foi rasgado e temos acesso direto ao Pai, agora nos resta entender o poder do lugar secreto. Jesus explica o que é esse lugar: "Mas, quando você orar, vá para seu quarto, feche a porta e ore a seu Pai, que está em secreto. Então seu Pai, que vê em secreto, o recompensará" (Mateus 6.6).

Fechar a porta significa negar o acesso de terceiros a um relacionamento que deve ser íntimo e pessoal. Na plateia, há ruídos. No lugar secreto, há santificação. Precisamos encontrar satisfação nesse lugar de intimidade, acessando o primeiro amor. O lugar secreto

“Fechar a porta significa negar o acesso de terceiros a um relacionamento que deve ser íntimo e pessoal. Na plateia, há ruídos. No lugar secreto, há santificação.”

é um lugar de entrega, restauração, direção e recompensa. Esse é o lugar onde nossa alma é verdadeiramente alimentada e preenchida, onde encontramos descanso para o coração e direção para a nossa vida. Busque a Deus nesse lugar todos os dias.

Promessas para receber:

- “Depois de ter bradado novamente em alta voz, Jesus entregou o espírito. Naquele momento, o véu do santuário rasgou-se em duas partes, de alto a baixo. A terra tremeu, e as rochas se partiram.” (Mateus 27.50-51)
- “Portanto, irmãos, temos plena confiança para entrar no Santo dos Santos pelo sangue de Jesus, por um novo e vivo caminho que ele nos abriu por meio do véu, isto é, do seu corpo [...] Sendo assim, aproximemo-nos de Deus com um coração sincero e com plena convicção de fé.” (Hebreus 10.19-22)
- “Aproximemo-nos do trono da graça com toda a confiança, a fim de recebermos misericórdia e encontrarmos graça que nos ajude no momento da necessidade.” (Hebreus 4.16)

Pergunta para refletir:

Quem tem sido sua maior voz de influência? Nos momentos de incerteza, onde você tem buscado suas respostas?

Motivos para orar:

- Agradeça a Deus porque podemos nos aproximar dele diretamente através de Jesus e do Espírito Santo.
- Peça perdão por muitas vezes buscar mais a oração e o conselho dos outros do que os do Espírito.
- Peça que o Senhor a ajude a separar todos os dias um tempo para estar no lugar secreto com ele.

Dia 6

Ouvindo a Deus no dia a dia

Este é o meu Filho amado, em quem tenho prazer. Ouçam-no!
MATEUS 17.5

Somos guiadas pelas vozes ao nosso redor. Pode ser a voz das distrações, a voz do mundo, a voz da nossa alma, a voz de pessoas ou a voz de Deus. A pergunta é: qual é a voz a que mais estamos dando atenção? Quanto mais ouvimos uma voz, mais somos influenciadas por ela e a seguimos.

Que o Senhor nos livre de seguir vozes que não sejam a dele.

Para ilustrar que, quando ouvimos sua voz, somos conduzidas ao seu propósito e encontramos segurança em sua direção, Jesus se apresentou a nós como o Bom Pastor: "Eu sou o bom pastor; conheço as minhas ovelhas; e elas me conhecem [...] As minhas ovelhas ouvem a minha voz; eu as conheço, e elas me seguem. Eu lhes dou a vida eterna, e elas jamais perecerão" (João 10.14, 27-28).

Um dos benefícios de ouvirmos o Bom Pastor é o crescimento espiritual através da direção da sua voz e das suas correções. Ele nos orienta ao caminho de santidade, ajudando-nos a nos tornarmos mais parecidas com ele. Quanto mais ouvimos a voz de Deus, mais nos identificamos com ela, a ponto de não sermos dirigidas por outros.

Se a voz de Deus é tão fundamental para a vida, não podemos ouvi-la somente em ambientes cristãos, dias de culto ou quando desejamos. Precisamos criar o hábito de ouvirmos o Senhor e nos relacionarmos com ele diariamente, mesmo cansadas ou sem vontade. Esse relacionamento é o que irá nos manter vivas espiritualmente.

A Bíblia nos ensina que a busca genuína pelo Pai não é baseada em sentimentos passageiros, mas em um coração disposto. O relacionamento com ele se dá na constância, na disciplina e na entrega. Para isso, existem três práticas básicas que precisamos ter como prioridade.

O devocional feito com a Bíblia é essencial para uma vida equilibrada e com frutos de sabedoria. Ela mesma nos ensina: "A tua palavra é lâmpada que ilumina os meus passos e luz que clareia o meu caminho" (Salmos 119.105). Precisamos de direções claras para saber aonde estamos indo e como chegaremos lá, se inteiras ou quebradas. Além disso, "a fé vem por se ouvir a mensagem, e a mensagem é ouvida mediante a Palavra de Cristo" (Romanos 10.17). Ou seja, sem o devocional diário, corremos o risco de perder a orientação de Deus, deixar-nos levar pelas influências do mundo e, assim, ficar abaladas na nossa fé.

Em seguida, o louvor e a adoração são necessários pois exaltam a Deus pela sua soberania, devendo ser feitos em espírito e em verdade. Lemos em Salmos 34.1 (ARC): "Louvarei ao Senhor em todo o tempo; o seu louvor estará continuamente na minha boca".

Por fim, a consagração e o jejum são práticas essenciais para matarmos nossa vontade e permanecermos sensíveis ao Espírito Santo. Ele diz: "Voltem-se para mim de todo o coração, com jejum, lamento e pranto" (Joel 2.12).

A prática dessas disciplinas nos mantém firmes na fé e nos impulsiona para viver de acordo com o seu plano. Ouvindo a Deus de maneira constante e intencional, ficamos mais preparadas para enfrentar desafios, sabendo que ele está sempre conosco, capacitando-nos a cumprir a missão que tem para nós.

Somos chamadas a viver de forma equilibrada, espiritualmente rica e pautada pelos propósitos certos. Jesus quer mudar a direção que temos tomado, tirando-nos do caminho largo que leva à perdição e guiando-nos pelo caminho estreito, que leva ao Céu. Precisamos compreender que o caminho estreito pode ser desafiador, mas é nele que encontramos sentido e vida para sempre. As escolhas certas que fazemos podem parecer difíceis, mas nos aproximam de uma vida próspera do ponto de vista eterno.

Sendo assim, mulher, não negocie a sua intimidade e o seu lugar de relacionamento com o Pai por coisa alguma.

"Precisamos criar o hábito de ouvirmos o Senhor e nos relacionarmos com ele diariamente, mesmo cansadas ou sem vontade."

Promessas para receber:

- “O Espírito Santo, que o Pai enviará em meu nome, ensinará a vocês todas as coisas e fará que se lembrem de tudo o que eu disse.” (João 14.26)
- “Hoje, se vocês ouvirem a sua voz, não endureçam o coração de vocês.” (Hebreus 3.15)
- “Que a palavra de Cristo habite plenamente em vocês. Ensinem e aconselhem uns aos outros com toda a sabedoria; cantem salmos, hinos e cânticos espirituais a Deus com gratidão no coração.” (Colossenses 3.16)

Pergunta para refletir:

Você tem o hábito de buscar a Deus meditando, louvando e orando todos os dias? Se não, o que a tem impedido?

Motivos para orar:

- Agradeça porque podemos ouvir a voz de Deus em sua Palavra e em oração.
- Agradeça porque Jesus é nosso Bom Pastor, que nos dirige pelo caminho certo.
- Peça que o Senhor a ajude a desenvolver os hábitos espirituais e ter disciplina em buscá-los.

Dia 7

Uma vida de entrega a Deus

Isaque disse a seu pai, Abraão: "Meu pai!". "Sim, meu filho", respondeu Abraão. Isaque perguntou: "As brasas e a lenha estão aqui, mas onde está o cordeiro para o holocausto?". Respondeu Abraão: "Deus mesmo há de prover o cordeiro para o holocausto, meu filho". E os dois continuaram a caminhar juntos.
GÊNESIS 22.7-8

Entregar algo a Deus é confiar completamente nas mãos de quem sabe o que está fazendo, alguém que tem a habilidade e o controle absoluto sobre aquilo que está manuseando. Para vivermos uma vida de entrega a ele, precisamos abrir mão do nosso controle, pois só ele governa todas as coisas, e não nós.

Mas por que temos tanta dificuldade em entregar? Muitas vezes, é porque somos apegadas às coisas que nos dão segurança emocional e ilusoriamente nos fazem acreditar que temos controle absoluto. Pensamos que ninguém pode dirigir nossa vida tão bem quanto nós mesmas.

Em Gênesis 22, a história de Abraão nos ensina sobre a verdadeira entrega. O Senhor pediu a ele que entregasse o que havia de mais precioso em sua vida: seu filho Isaque, o filho da promessa. Esse foi o maior teste de fé que Abraão enfrentou, pois precisou confiar completamente em Deus, já que o pedido parecia sem sentido.

Mesmo diante de um pedido tão difícil, Abraão decidiu obedecer. Ele colocou a vontade divina acima de seus próprios sentimentos. Será que essa também é a nossa postura diante de situações complexas? Ou será que, quando Deus nos dá uma direção, ficamos presas a dúvidas, querendo respostas para tudo?

O que chama atenção nesse relato é a resposta de Abraão a Isaque: "Deus mesmo há de prover" e, logo em seguida, a informação, "E os dois continuaram a caminhar juntos". Isso é profundo porque revela a confiança inabalável de Abraão impactando seu filho, fazendo com que ele o seguisse sem hesitar. Há momentos em que nossa entrega e fé são tão genuínas que até aqueles que caminham ao nosso lado são encorajados a confiar na provisão de nosso Pai. Nossa postura de fé diante de desafios não apenas fortalece a nós mesmas, mas também inspira outros ao nosso redor.

"Quando entregamos algo a Deus, não é apenas um ato simbólico, mas uma expressão de fé, confiança e obediência."

O ponto central dessa história é o poder da entrega. O Senhor não queria a morte de Isaque, mas sim o coração de Abraão. Ele desejava que seu servo sacrificasse sua própria vontade e a entregasse a ele. E, no momento da entrega, Deus interveio, mostrando que tudo estava sob seu controle: "Abraão ergueu os olhos e viu um carneiro preso pelos chifres num arbusto. Foi lá pegá-lo, e o sacrificou como holocausto em lugar de seu filho" (Gênesis 22.13).

Essa história nos ensina que: 1. Tudo o que temos vem de Deus, 2. ele nos empresta coisas para cuidarmos, mas 3. ele é o dono de tudo, e 4. tudo volta para ele.

O verdadeiro adorador não retém nada para si, mas entrega ao Senhor tudo o que ele pede, com obediência e fé. Lembre-se: o objetivo divino não é nos causar mal, mas, como fez com Abraão, nos ensinar a confiar plenamente nele. A intenção de Deus não é tirar algo de você, mas ensinar-lhe a descansar na sua provisão.

O próprio Pai nos dá o maior exemplo de entrega e sacrifício ao entregar seu único Filho como oferta na cruz do Calvário, em favor da minha vida e da sua (cf. João 3.16). O Senhor nos ensina a imitá-lo. Por fim, pense que toda entrega tem o seu valor. Quando entregamos algo a Deus, não é apenas um ato simbólico, mas uma expressão de fé, confiança e obediência. Tenha certeza de que a entrega verdadeira sempre gera frutos.

Promessas para receber:

- "Da mesma forma, qualquer de vocês que não renunciar a tudo o que possui não pode ser meu discípulo." (Lucas 14.33)
- "Entregue o seu caminho ao Senhor; confie nele, e ele agirá." (Salmos 37.5)
- "Os que confiam no Senhor são como o monte Sião, que não se pode abalar, mas permanece para sempre." (Salmos 125.1)

Pergunta para refletir:

Cite coisas em sua vida que você teria dificuldade em entregar a Deus se ele as pedisse.

Motivos para orar:

- Agradeça porque Deus é bom e não tira nada de nós para nos entristecer, mas para nos fazer confiar nele e crescer.
- Agradeça porque nosso Pai é quem realmente satisfaz nosso coração, mais do que coisas e pessoas.
- Peça que ele lhe dê um coração capaz de obedecer, mesmo sem entender.

Dia 8

Enquanto você espera, ele governa

Assim Ana engravidou e, no devido tempo, deu à luz um filho.
1SAMUEL 1.20

Esperar em Deus é algo muito difícil para o ser humano. Ainda mais quando há um profundo desejo em nosso coração. Parece que tudo precisa acontecer imediatamente, não é verdade?

Uma linda ilustração que a Bíblia traz sobre espera é a história de Ana, mãe do profeta Samuel (cf. 1Samuel 1). Ela era estéril e vivia em uma época em que o principal papel de uma mulher era a maternidade; portanto, o fato de não ter filhos era um motivo de tristeza e vergonha. Porém, o mais estranho nessa passagem é lermos que "o Senhor não permitia que ela tivesse filhos" (v. 6, NTLH).

Sim, foi o próprio Senhor quem permitiu que Ana passasse por um período de esterilidade. Há áreas em nossa vida que ainda não prosperaram porque Deus interveio, a fim de nos ensinar a descansar. Quando não vemos resultados, podemos nos sentir insignificantes, como Ana se sentiu, mas o trabalhar de Deus é necessário. A espera molda o nosso coração, fortalece nossa fé e nossa paciência, e nos prepara para aquilo que ele quer nos entregar.

A espera é um lugar, uma posição de descanso no Senhor. O cansaço da espera na vida cotidiana sempre nos atinge, mas Deus nos ensina a acessar o lugar de confiança, mesmo quando não conseguimos ver respostas imediatas. Esse lugar coloca limites sobre a nossa vida, nos ensina a não querer ter controle sobre o tempo, e nos livra das consequências dos nossos erros quando não temos direção divina.

Portanto, quem tem governado a sua vida? Você ou ele?

Essa é uma pergunta que define o rumo da nossa caminhada. Quando tentamos ter o controle de nossa vida, muitas vezes nos cansamos de tanto esperar o tempo do Senhor. Além disso, por causa de decisões apressadas e baseadas em nosso próprio entendimento limitado, até nos frustramos por causa de escolhas erradas. O fato é que esperar nos renova, e que querer ter o controle de tudo nas nossas mãos nos cansa. A sensação de exaustão surge quando tentamos agir a todo custo e então encaramos as consequências da falta de direção. É por isso que a Palavra nos lembra em Provérbios 3.5-6: "Confie no Senhor de todo o coração e não se apoie no seu próprio entendimento. Reconheça-o em todos os seus caminhos, e ele endireitará as suas veredas".

Quando entregamos o controle de nossa vida a Deus, experimentamos paz, direção e propósito. Esperar em Deus não é apenas aguardar passivamente, mas confiar que ele está trabalhando nos bastidores, alinhando tudo no seu tempo perfeito. Espere nele, ele é confiável e sempre age: "Depositei toda a minha esperança no Senhor; ele se inclinou para mim e ouviu [...] Ele me tirou de um poço de destruição, de um atoleiro de lama; pôs os meus pés sobre uma rocha e firmou-me em um local seguro" (Salmos 40.1-2).

Como se não bastasse essa longa espera por seu sonho — que Ana nem sabia se iria se realizar um dia —, ela também teve de enfrentar provocações e humilhações. Afinal, aquela mulher tinha uma rival: Penina, a outra esposa de seu marido, Elcana. A Bíblia relata que Penina tinha muitos filhos, e com isso "provocava e humilhava Ana" (v. 6, NTLH).

O desafio de Ana não era apenas esperar, mas ver sua rival gerando filhos enquanto ela permanecia estéril. Quantas vezes olhamos ao redor e achamos que Deus nos esqueceu, já que ainda não chegou a nossa vez? Mas o Senhor não se esquece daqueles que nele esperam.

Certo dia, "com a alma amargurada, [Ana] chorou muito e orou ao Senhor. E fez um voto, dizendo: 'Ó Senhor dos Exércitos, se tu deres atenção à humilhação de tua serva, te lembrares de mim e não te esqueceres de tua serva, mas lhe deres um filho, então eu o dedicarei ao Senhor por todos os dias de sua vida'" (vv. 10-11). Nesse momento, lemos que chegou a hora certa esperada por Deus: "o Senhor se lembrou dela. Assim, Ana engravidou e, no devido tempo, deu à luz um filho. E deu-lhe o nome de Samuel, dizendo: 'Eu o pedi ao Senhor'" (vv. 19-20).

“A espera molda o nosso coração, fortalece nossa fé e nossa paciência, e nos prepara para aquilo que ele quer nos entregar.”

Observe essa ênfase: "no devido tempo". Isto é, no tempo certo, no tempo de Deus, no relógio divino, ele age. O que parece um atraso para nós é, na verdade, a preparação para a colheita. O que nos faz crer na promessa é ter a certeza de que aquele que prometeu é fiel para cumprir. Confie, espere e creia, porque o mesmo Senhor que se lembrou de Ana também se lembra de você.

Promessas para receber:

- "Porque há uma hora certa e também uma maneira certa de agir para cada situação." (Eclesiastes 8.6)
- "Espero pelo Senhor com todo o meu ser e na sua palavra ponho a minha esperança." (Salmos 130.5)
- "Mas, quanto a mim, ficarei atento ao Senhor, esperando em Deus, o meu Salvador, pois o meu Deus me ouvirá." (Miqueias 7.7)

Pergunta para refletir:

Qual é a área da sua vida em que você precisa sair do controle e ativar o modo confiança?

Motivos para orar:

- Agradeça porque Deus a faz "repousar em pastagens verdejantes" (Salmo 23.2).
- Agradeça porque nosso Pai trabalha para aqueles que nele esperam (cf. Isaías 64.4).
- Peça que ele a ajude a permanecer no lugar de confiança e descanso.

Dia 9

Ressignifique o passado

Fui crucificado com Cristo; assim, já não sou eu quem vive, mas Cristo vive em mim.
GÁLATAS 2.20, NVT

Você já ficou presa a pecados que cometeu no passado? Ressignificar esse passado é uma maneira de usá-lo apenas como testemunho, e não como sua vida presente. O passado no caminho errado deve nos ensinar, e não nos prender.

Quando andamos com Cristo, logo descobrimos por que não deu certo fazer as coisas do nosso jeito. Fomos criadas para viver ao lado dele e da maneira dele. E seu desejo é nos moldar para refletirmos sua imagem de santidade e cumprirmos seu propósito. Para isso, é preciso arrependimento e renúncia à velha forma de viver e pensar.

A Bíblia fala muito sobre esse assunto:

> Quanto à antiga maneira de viver, vocês foram ensinados a despir-se do velho homem, que se corrompe por desejos enganosos, a serem renovados no modo de pensar e a revestir-se do novo homem, criado para ser semelhante a Deus em justiça e em santidade provenientes da verdade (Efésios 4.22-24).

A nossa vida com Jesus em intimidade precisa mudar nosso caráter e comportamentos do velho homem. Os pecados do passado precisam ser superados; caso contrário, eles se tornarão pecados do presente, um grande obstáculo para enxergarmos o novo que Deus tem para nós. Somente com renúncia ao mal poderemos avançar com liberdade para o futuro. Parece difícil? Certamente é. A jornada com o Senhor não é fácil, mas é cheia de graça e de crescimento. A vida com Deus não nos promete uma caminhada livre de desafios, mas sim uma jornada de reconstrução. Soltar as velhas referências é um processo, mas o que nos garante uma caminhada firme é estar em Cristo e buscar constantemente a sua direção. A transformação não acontece da noite para o dia, mas é garantida pela fidelidade de Deus, que nos conduz em cada passo.

Então, quais são os erros do passado que devo deixar?

> Cada um de vocês deve abandonar a mentira [...], amargura, indignação e ira, gritaria e calúnia (Efésios 4.25-31).
> Façam morrer a [...]: imoralidade sexual, impureza, paixão [lasciva], desejos maus e a ganância, que é idolatria. É por causa dessas coisas que vem a ira de Deus sobre os que vivem na desobediência, as quais vocês praticaram no passado, quando costumavam viver nelas. Mas agora, abandonem todas estas coisas: ira, indignação, maldade, maledicência e linguagem indecente no falar. (Colossenses 3.5-8)

Resta saber como podemos abandonar os pecados que cometíamos no passado e que não nos pertencem mais, certo? Precisamos de três coisas essenciais:

1. Uma autoanálise de quem temos nos tornado, com arrependimento e perdão de Deus. Precisamos nos examinar para saber se ainda somos as mesmas que éramos no passado, na vida sem o Senhor. Ao vermos nosso pecado, devemos confessá-lo e pedir perdão. Só assim seremos libertas de toda culpa. Quem é discípulo de Cristo aprende que esse tipo de passado só nos traz dores, por isso não devemos nos apegar mais a ele. O verdadeiro discípulo age, mesmo quando parece que será prejudicado, porque confia no propósito divino.
2. Coragem para não olhar para trás. Com isso, não permitiremos que a saudade da velha vida ou as lembranças do que passou nos impeçam de avançar. A Bíblia diz: "Uma coisa faço: esquecendo-me das coisas que ficaram para trás e avançando para as que estão adiante, prossigo para o alvo, a fim de ganhar o prêmio do chamado celestial de Deus em Cristo Jesus" (Filipenses 3.13-14). Observe a palavra "esquecendo-me". Em Deus, é possível se esquecer do passado errado e romper com ele. Outra passagem diz algo parecido: "Esqueçam o que se foi; não vivam no passado. Vejam, eu farei uma coisa nova" (Isaías 43.18, NVT). Devemos colocar pedras no nosso passado, a ponto de não termos caminhos de volta para ele. A Palavra também afirma: "Ninguém que põe a mão no arado e olha para trás é apto para o reino de Deus" (Lucas 9:62). Ou seja, quando nos comprometemos com Cristo, não podemos olhar

para trás. O arado é uma ferramenta de plantação que exige foco e direção no caminho adiante. Ao olharmos para o que Deus tem à frente, o passado não pode nos deter. Como novas criaturas em Cristo, precisamos tomar cuidado para não permitir que resquícios do passado ainda influenciem nosso presente. A nova vida em Cristo exige essa nova perspectiva.

3 Fé para não duvidar de Deus. Em Cristo, somos chamadas a avançar confiando que ele sempre tem algo melhor para nós. Especialmente nos dias difíceis, devemos confiar que seu propósito é maior do que o cativeiro no qual nos encontrávamos, e que o futuro é promissor. O que

"Os pecados do passado precisam ser superados; caso contrário, eles se tornarão pecados do presente, um grande obstáculo para enxergarmos o novo que Deus tem para nós."

passou não se compara ao que Deus está prestes a fazer em nossa vida.

Querida leitora, não tenha medo. Entregar-se a Deus lhe permite viver o que você jamais imaginava ser capaz. Essa área de sua vida onde ainda há pecado é uma sombra escura que tem impedido o seu futuro, e que precisa de uma intervenção divina. Então, que tal entregar a direção para aquele que escreveu todos os seus dias? Ele conhece o caminho, e a confiança nele traz liberdade e renovação.

Ao se entregar, você permitirá que Deus transforme sua história, guiando cada passo em direção ao futuro que ele preparou para você. Em Cristo, precisamos ser melhores e diferentes do que fomos no passado. A transformação é uma evidência da nossa jornada com ele.

Promessas para receber:

- “Esqueçam o que se foi; não vivam no passado.” (Isaías 43.18)
- “Não diga: ‘Por que os velhos tempos foram melhores que os de hoje?’, pois não é sábio fazer esse tipo de pergunta.” (Eclesiastes 7.10)
- “Quando eu era menino, falava como menino, pensava como menino e raciocinava como menino. Quando me tornei homem, deixei para trás as coisas de menino.” (1Coríntios 13.11)

Pergunta para refletir:

Você consegue enxergar mudanças em si mesma ao caminhar com Jesus? Liste algumas.

Motivos para orar:

- Agradeça porque Deus é misericordioso. Ele perdoa seus pecados e deles não se lembra mais (cf. Hebreus 8.12).
- Agradeça porque, em Cristo, tudo se fez novo e as coisas velhas ficaram para trás.
- Peça que o Senhor a ajude a esquecer o que ficou para trás e prosseguir para o alvo de ser parecida com ele.

Dia 10

Não deixe o orgulho destruir você

Como você caiu dos céus, ó estrela da manhã, filho da alvorada! Como foi atirado à terra, você, que derrubava as nações! Você que dizia no seu coração: "Subirei aos céus; erguerei o meu trono acima das estrelas de Deus; eu me assentarei no monte da assembleia, no ponto mais elevado do monte santo. Subirei mais alto que as mais altas nuvens; serei como o Altíssimo".
ISAÍAS 14.12-15

A Bíblia é repleta de passagens que mostram pessoas orgulhosas e o destino terrível que elas tiveram. Temos, por exemplo, a história do rei Herodes (Atos 12.21-23):

> No dia marcado, Herodes, vestindo seus trajes reais, sentou-se em seu trono e fez um discurso ao povo. Eles começaram a gritar: 'É voz de deus, e não de homem'. Visto que Herodes não glorificou a Deus, imediatamente um anjo do Senhor o feriu; e ele morreu comido por vermes.

Temos também a história do rei Nabucodonosor (Daniel 4.29-33):

> Quando o rei estava andando no terraço do palácio real da Babilônia, disse: "Acaso não é esta a grande Babilônia que eu construí como capital do meu reino, com o meu enorme poder e para a glória da minha majestade?" As palavras ainda estavam nos seus lábios quando veio do céu uma voz que disse: "[...] Sua autoridade real lhe foi tirada. Você será expulso do meio dos homens, viverá com os animais selvagens e comerá capim como os bois. Passarão sete tempos até que admita que o Altíssimo domina sobre os reinos dos homens e os dá a quem quer".

Acima desses exemplos, porém, o maior de todos os casos de orgulho citado na Bíblia é o de Satanás, o anjo glorioso ao qual o versículo inicial deste devocional faz referência. Foi por causa de seu desejo egoísta e arrogante de se exaltar acima de Deus, reinando sobre o universo, que ele se rebelou contra o Criador e, consequentemente, foi expulso do céu. Sua soberba e sede de poder o levaram à ruína. Ele não só foi lançado para baixo, como também seu destino final será o juízo eterno. É como esse provérbio resume: "O orgulho vem antes da destruição" (Provérbios 16.18).

Como se pode ver, o orgulho é um dos maiores inimigos da nossa relação com os outros e com Deus. A humildade nos aproxima deles, enquanto o orgulho nos afasta.

Porém, nem todo orgulho é tão evidente quanto o de Satanás, Herodes e Nabucodonosor. Ele pode ser uma armadilha sutil que muitas vezes não levamos a sério. O orgulho geralmente é um pecado silencioso, como um veneno que corrói lentamente a alma, pois nem sequer percebemos que somos orgulhosas. Você consegue enxergar orgulho em você? Se sim, de certa forma, isso é bom, porque não há uma única pessoa que não seja orgulhosa. Em umas, isso é mais visível, em outras menos, mas todas somos assim. Veja as várias formas como o orgulho se manifesta:

A primeira delas é a famosa ilusão da autossuficiência. A soberba endurece nosso coração, como se disséssemos: "Eu não preciso de Deus nem de ninguém, eu consigo fazer as coisas sozinha. Sou uma pessoa forte e capaz". Ficamos tão cegas de orgulho que não reconhecemos ou não admitimos nossas limitações e, assim, não pedimos ajuda de Deus e dos outros. O orgulho nos afasta e até nos faz ferir a quem deveríamos amar.

A segunda ilusão é a da infalibilidade. Ficamos tão cegas de orgulho que não confessamos nossos erros e pecados. Por pensarmos assim, criamos máscaras de perfeição (que, aliás, são mentiras), tentando proteger nossas fraquezas e ocultar nossas feridas; mas essa falsa fortaleza é apenas um esconderijo que nos afasta da cura. Foi por orgulho que, enquanto o salmista não confessou seu pecado, a mão do Senhor pesou sobre ele e ele sofreu à toa, sendo que poderia ter sido humilde e pedido perdão logo de início (cf. Salmos 32.3-4). Assim, temos dificuldade de reconhecer nossos erros e nos recusamos a pedir desculpas, porque achamos que não fizemos nada de errado. Quantas vezes perdemos relacionamentos preciosos simplesmente porque o orgulho nos convenceu de que sempre temos a melhor opinião e ideias, ou que sempre estamos certas? São pequenas atitudes como, por exemplo, quando dizemos "Eu avisei você" ou "Eu sabia que isso ia acontecer, mas você não me ouviu", em vez de simplesmente amarmos quem errou e tentarmos solucionar o problema. Em muitos casos, olhamos para o pecado do outro e pensamos: "Eu nunca teria cometido esse erro", e então essa soberba endurece nosso coração, nos torna incapazes de perdoar e fecha nossos ouvidos para a verdade de que nós mesmas cometemos tais erros.

A última ilusão é a idolatria. Orgulho é dar a nós mesmas o crédito que é de Deus. Quando somos orgulhosas, atribuímos a nós a glória que pertence apenas a ele. Esse ato de louvor próprio é uma afronta à soberania de Deus e à sua obra em nossa vida. Quando achamos que já nascemos com certa energia e habilidades e que, portanto, nossas conquistas vieram unicamente de nós, isso é puro engano, pois a

"Orgulho é dar a nós mesmas o crédito que é de Deus."

Bíblia nos ensina que Deus é a fonte de tudo o que temos e somos (cf. Tiago 1.17). O orgulho ignora que, sem ele, nada poderíamos fazer. A saúde, a inteligência, a força e até mesmo as oportunidades que recebemos vêm dele. Além disso, não fazemos nada sem a ajuda de outras pessoas, principalmente as que nos ensinaram, por isso devemos ser gratas a elas também.

Depois de tudo isso, quero deixar um alerta: o orgulho pode até mesmo nos levar à morte eterna. Muitas pessoas rejeitam a salvação porque se recusam a admitir que precisam de um Salvador. Preferem confiar em suas (ilusórias) próprias forças, sua moralidade ou seus próprios méritos, rejeitando a graça que Deus oferece. Portanto, cuidado com a soberba.

Se você é capaz de identificar orgulho em si mesma, é um grande sinal de que Deus está abrindo seus olhos para a necessidade de transformação. Se ainda não consegue ver, peça que ele lhe mostre o orgulho que há em você, pois ele é sutil, mas sempre está presente. Chegou o tempo de se arrepender e buscar mudanças em sua vida. Isso a deixará mais perto dos outros e principalmente do Senhor.

Promessas para receber:

- “Deus se opõe aos orgulhosos, mas concede graça aos humildes.” (Tiago 4.5)
- “Humilhem-se diante do Senhor, e ele os exaltará.” (Tiago 4.10)
- “Por isso, pela graça que me foi dada, digo a todos vocês: não pensem de vocês mesmos além do que devem pensar, mas pensem moderadamente, segundo a medida da fé que Deus deu a cada um. Não sejam sábios aos seus próprios olhos.” (Romanos 12.3)

Pergunta para refletir:

Há alguma habilidade ou conquista da qual você tem se orgulhado, esquecendo de dar glória a Deus e agradecer a outras pessoas, mas ficando com todo o mérito?

Motivos para orar:

- Agradeça porque Deus nos castiga por nosso orgulho para o nosso bem, e não mal.
- Agradeça porque nosso Pai a protegeu de se rebelar contra ele, mas a fez se arrepender e desejar a salvação em Jesus (cf. Romanos 2.4).
- Peça que o Senhor lhe dê humildade para admitir suas limitações e sua necessidade dele e de outras pessoas, em vez de achar que é autossuficiente.

Dia 11

A síndrome da culpa

[Disse o homem:] "Ouvi teus passos no jardim e fiquei com medo, porque estava nu; por isso me escondi". E Deus perguntou: "[...] Você comeu do fruto da árvore da qual lhe proibi comer?" Disse o homem: "Foi a mulher que me deste por companheira que me deu do fruto da árvore, e eu comi". [...] Respondeu a mulher: "A serpente me enganou, e eu comi".
GÊNESIS 3.10-13

Toda a nossa vida é orientada por diretrizes que vêm de Deus. O conjunto delas hoje compõe a Bíblia, seu manual de conduta e princípios, que nos mostra como viver de acordo com a sua vontade.

A primeira das diretrizes divinas foi dada no Éden. Desde essa época, ao mandar que Adão e Eva não comessem do fruto proibido, o Senhor já estabelecia seus limites claros para nós (cf. Gênesis 2.16-17). Portanto, quando desobedecemos e o pecado entrou no mundo, dois sentimentos negativos vieram com ele: "fiquei com [medo], porque estava nu [vergonha]" (Gênesis 3.10). Por trás disso, está o orgulho; ele nos impede de nos expormos e de assumirmos nossas falhas de maneira honesta diante de Deus.

Infelizmente, o medo e a vergonha que vêm do orgulho nos impedem de encarar nossos problemas e, em vez disso, nos levam a nos esconder, com receio do que pode acontecer. Esses dois sentimentos são a causa da "síndrome da culpa", isto é, do comportamento típico do ser humano quando se depara com seu pecado, com a justiça de Deus e com o castigo que há de vir (cf. João 16.8).

Os sintomas da síndrome da culpa são: 1. negação (não assumir seu erro), 2. fuga (evitar enfrentar as consequências das próprias ações) e 3. vitimização (buscar justificar suas falhas atribuindo a culpa a algo ou alguém). Assim, tornou-se habitual à natureza humana condenar outros, em vez de lidar com os próprios erros e com os resultados negativos em sua vida. O ser humano, diante de suas falhas, tenta terceirizar a responsabilidade que deveria assumir: Adão culpa Eva, Eva culpa a serpente, e todos culpam a Deus.

A Palavra está cheia de exemplos que mostram como o ser humano tem dificuldade em confessar seus pecados e como tende a se esconder. Em 2Samuel 12.13, vemos Davi apenas reconhecendo seu pecado de adultério e assassinato após ser confrontado pelo profeta Natã. Em Êxodo 2–3, outro exemplo é Moisés. Quando matou o egípcio e se escondeu, sua tentativa de ocultar seu

"A verdadeira justiça não vem de nossa autojustificação, mas somente de Jesus."

erro o levou a viver longe de sua missão por um tempo. Somente depois, Deus apareceu a ele na sarça ardente e o trouxe de volta a seu propósito de vida.

Nosso normal é nos escondermos ao ver nosso pecado, mas é somente quando somos confrontados com a verdade que a cura e a restauração reais acontecem. Aliás, é difícil para o ser humano admitir suas falhas sem a intervenção de alguém que o faça olhar para si mesmo.

Não é mais tempo de buscarmos culpados para nossas frustrações. Quando nos colocamos em posição de vítimas, não só tiramos de nós a responsabilidade pelo pecado, mas também o poder de mudar a nossa realidade, aprendendo com cada situação e confiando em Jesus como o único que nos perdoa e nos traz a salvação.

Amada leitora, quero lhe dar um conselho: em vez de gastar energia apontando falhas nos outros, permita que Deus lhe ensine a resolver conflitos, crescer com as dificuldades e depender somente dele. A verdadeira justiça não vem de nossa autojustificação, mas somente de Jesus.

Promessas para receber:

- "Não há salvação em nenhum outro, pois, debaixo do céu não há nenhum outro nome dado aos homens pelo qual devamos ser salvos." (Atos 4.12)
- "Se confessarmos os nossos pecados, ele é fiel e justo para perdoar os nossos pecados e nos purificar de toda injustiça." (1João 1.9)
- "Então Jesus disse a ela: 'Seus pecados estão perdoados [...] Sua fé a salvou; vá em paz'." (Lucas 7.48-50)

Pergunta para refletir:

Examine a si mesma: há algum pecado específico cuja culpa você tem atribuído a outras pessoas ou a alguma circunstância?

Em seguida, assuma a responsabilidade, peça e aceite o perdão de Deus, e siga em frente.

Motivos para orar:

- Agradeça porque Cristo veio para nos perdoar e salvar da culpa que temos diante de Deus.
- Peça perdão por culpar outros e até mesmo ao Senhor por seus erros.
- Peça que você viva plenamente a graça e o recomeço que só existe nele.

Dia 12

Fé no impossível

Porque vivemos por fé, e não pelo que vemos.
2Coríntios 5.7

A fé é a crença em algo ou em alguém, mesmo sem evidências concretas. É um sentimento de confiança e esperança, um apego absoluto ao que consideramos verdadeiro. Para o cristão, a fé é ainda mais do que uma crença, é um estilo de vida, como diz o versículo acima. Fé é confiar em Deus, mesmo quando não enxergamos soluções ou resultados imediatos.

Por outro lado, a falta de fé é uma resistência em acreditar, é ceticismo e incredulidade. Isso muitas vezes acontece porque só cremos no que vemos. Certa vez, Jesus repreendeu seu discípulo Tomé, que se recusou a crer em sua ressurreição a menos que tocasse suas mãos e pés marcados pelos pregos da cruz. Cristo disse a ele: "Pare de duvidar e creia" (João 20.27). Crer sem ver é uma luta para todas nós.

Mas por que é tão importante viver pela fé, mesmo sem ver? A Bíblia responde: "Sem fé é impossível agradar a Deus, pois quem dele se aproxima precisa crer que ele existe e que recompensa aqueles que o buscam" (Hebreus 11.6). A fé é o alicerce da vida espiritual. Sem ela, nossa caminhada com Deus se torna frágil. Por ter o coração duro e não crer em Jesus, o povo da cidade de Nazaré viu poucos milagres (cf. Mateus 13.58). Isso nos mostra que nosso Senhor age por meio da nossa fé; tudo o que ele quer é que confiemos nele. O restante ele mesmo realizará. Inclusive em sua própria vida.

Muitas vezes, é mais fácil acreditar que Deus fará milagres na vida de outra pessoa do que na nossa, não é mesmo? Porém, se conseguimos crer no que ele pode fazer pelos outros, por que não acreditar que também pode agir em nós? Querida leitora, qual é a área da sua vida em que você precisa de cura? Seja emocional, física, espiritual ou familiar, leve isso diante de seu Pai com fé. A Palavra nos ensina: "Tudo é possível àquele que crê" (Marcos 9.23). Creia que você está a um passo de viver milagres.

Há momentos na sua vida em que será necessário ativar o "modo ousadia", assim como fizeram aqueles que buscaram Jesus com fé e determinação. A mulher com o fluxo de sangue não se intimidou pela multidão; ela sabia que precisava tomar uma atitude para receber o milagre. Com ousadia, ela tocou na orla do manto de Jesus, e imediatamente foi curada (cf. Lucas 8.48). O paralítico no tanque de Betesda estava acostumado à sua condição por anos, mas foi surpreendido pela compaixão e o poder do Mestre. Jesus o encontrou e disse: "Levante-se! Pegue a sua maca e ande" (João 5.8). Em um instante, sua vida foi transformada. Talvez para Zaqueu parecesse impossível Jesus o achar em meio à multidão, por causa da sua limitação da estatura, mas ele não se contentou e subiu em uma árvore, e Jesus o notou (cf. Lucas 19.1-10). Deus encontra você nos esconderijos mais profundos da sua vida. Deus a encontra onde você não espera que ele possa alcançá-la. A ousadia na fé não apenas promove milagres, mas também nos aproxima do Senhor e nos ajuda a viver a plenitude dos seus propósitos. Não se conforme com o que parece ser a sua realidade. Busque com fé e confiança, porque o mesmo Deus que agiu na vida da mulher do fluxo de sangue, do paralítico e de Zaqueu está pronto para agir na sua.

Talvez você diga que não tem uma fé tão grande como a deles. Não se preocupe. Você pode começar com uma fé minúscula, do tamanho de um grão de mostarda. Deus conhece nossa fraqueza. Para isso, você precisa tirar os olhos da aparente impossibilidade das circunstâncias e deixar de lado a incredulidade.

Depois disso, o Senhor deseja que você cresça e vá além. Nosso maior problema é que, muitas vezes, nos conformamos com o normal e aceitamos uma realidade limitada, achando que é só isso que ele tem para nós. Mas a Palavra nos ensina que ele "é capaz de fazer infinitamente mais do que tudo o que pedimos ou pensamos, de acordo com o seu poder que atua em nós" (Efésios 3.20). Nosso Pai não nos chamou para viver no ordinário, e sim para experimentar o sobrenatural. Busque com fé e confiança, porque o mesmo Deus que agiu na mulher com o fluxo de sangue, no paralítico e em Zaqueu está pronto para agir em sua vida! O mesmo Deus que abriu o mar Vermelho, fez água brotar da rocha e curou doentes está ao seu lado agora.

Vamos avançar com ousadia, rompendo com a incredulidade e com a zona de conforto de uma fé pequena, aprendendo que "tudo é possível ao que crê" (Marcos 9.23) e que "para Deus não haverá impossíveis em todas as suas promessas" (Lucas 1.37, ARA).

Promessas para receber:

- "Disse Jesus: 'Tudo é possível àquele que crê'. Imediatamente o pai do menino exclamou: 'Creio, ajuda-me a vencer a minha incredulidade!'" (Marcos 9.23-24)
- "Que mais direi? Não tenho tempo para falar de [tantos heróis na fé], os quais pela fé conquistaram reinos, praticaram a justiça, alcançaram o cumprimento de promessas, [...] da fraqueza tiraram força, tornaram-se poderosos na batalha e puseram em fuga exércitos estrangeiros." (Hebreus 11.32-34)
- "Feliz é aquela que creu que se cumprirá aquilo que o Senhor lhe disse!" (Lucas 1.45)

Pergunta para refletir:

Cite uma questão de sua vida em que você precisa de fé:

Escreva como você poderia agir com ousadia nessa área, crendo que o Senhor a ajudará:

Motivos para orar:

- Agradeça porque Deus tem grandes planos para você.
- Agradeça por todos os milagres que ele já fez na sua vida.
- Peça ousadia para crer, e que isso a aproxime mais do Senhor, ajudando-a a viver tudo o que ele tem reservado para você.

Dia 13

Restaurando a identidade distorcida

Criou Deus o homem à sua imagem, à imagem de Deus o criou.
GÊNESIS 1.27

A vida só tem profundidade e significado quando conhecemos nosso verdadeiro valor.

Porém, quem define esse valor? Somos nós mesmas, são outras pessoas ou é o Senhor? Já sabemos a resposta: só nosso Criador pode definir quem realmente somos. A identidade que vem de Deus é a compreensão de quem eu sou a partir da perspectiva divina, ou seja, é como ele me vê e me define em sua Palavra. Essa identidade é inabalável, porque se apoia no caráter dele, que é eterno e imutável. Porém, muitas vezes, somos influenciadas pelo que os outros pensam de nós, pelas imagens externas que recebemos, ou pelas nossas frustrações do passado. Isso acontece porque, sem uma compreensão sólida de quem somos em Deus, buscamos validação em fatores externos, como a opinião das pessoas ou a nossa aparência.

A verdade que nosso Criador diz sobre a humanidade e as mentiras que contamos a nós mesmas aparecem desde os primeiros capítulos de Gênesis, desde o início do mundo. Esses capítulos estão entre os textos mais importantes da Bíblia, pois revelam o poder e a intencionalidade do Senhor por trás de tudo o que foi criado. Quando formou o primeiro casal, Deus afirmou ter feito os dois à sua própria imagem (cf. Gênesis 1.27) e ter colocado dentro deles algo de si mesmo: o seu fôlego de vida (cf. Gênesis 2.7). Esse sopro divino nos tornou almas viventes e seres conscientes, planejados para nos relacionar com ele e refletir sua glória. Fomos criados diferentes, homem e mulher, mas com o mesmo valor a seus olhos (cf. 1Coríntios 12.12; Gálatas 3.28).

Quando não estamos firmadas na verdade de que fomos criadas à imagem e semelhança de Deus, acabamos acreditando em mentiras que distorcem nossa visão de quem realmente somos. Essas mentiras nos roubam uma verdade fundamental: somos amadas e aprovadas por Deus, independentemente do que os outros pensam ou das circunstâncias ao nosso redor.

No entanto, Adão e Eva pecaram. A Queda foi o ponto em que nossa identidade foi distorcida. Eva caiu na armadilha do barulho, isto é, ela deu ouvidos à voz da serpente, e não à do Senhor. Precisamos estar atentas

"A identidade que vem de Deus é a compreensão de quem eu sou a partir da perspectiva divina."

àquilo a que estamos dando atenção, pois todos os barulhos ensurdecedores irão fazer mais sentido a partir do momento em que você parar para ouvi-los. Se sua identidade está confusa, isso tem a ver com a quem você tem prestado mais atenção.

Como Eva, que se deixou enganar pela serpente, ouvimos a opinião humana, que sempre muda. Quando ouvimos outras pessoas, caímos em comparação. E a comparação nos destrói dizendo que, perto de quem recebeu mais talento, popularidade, habilidades, realizações, elogios e oportunidades, somos inferiores e incapazes. Ao mesmo tempo, quando vemos indivíduos que têm essas coisas em menor quantidade do que nós, a comparação nos engana, dizendo que somos superiores, e nos leva à arrogância. A identidade definida pela opinião humana causa medo, fuga, culpa e castigo.

A boa notícia é que, embora o pecado mude a nossa percepção de Deus, afete nossa identidade e nos afaste da comunhão com ele, o pecado não muda quem o Senhor é. Ele permanece fiel, santo e justo. Por isso ele enviou Jesus para nos salvar do pecado e nos dar novos nomes, que refletem quem realmente somos aos olhos de Deus: somos suas filhas (cf. João 1.12), nova criação (cf. 2Coríntios 5.17), imagem e semelhança dele (cf. Romanos 8.29), escolhidas e capacitadas (cf. 2Coríntios 5.20), e livres (cf. João 8.36). Essa é a verdadeira identidade a que devemos nos apegar.

Promessas para receber:

- "Pouco importa o que vocês pensem ou digam a meu respeito. Eu não me avalio [...] O Senhor é quem faz este julgamento." (1Coríntios 4.3-4, MSG)
- "Você é precioso para mim, é honrado e eu o amo." (Isaías 43.4, NVT)
- "Vocês, porém, são povo escolhido, reino de sacerdotes, nação santa, propriedade exclusiva de Deus. Assim, vocês podem mostrar às pessoas como é admirável aquele que os chamou das trevas para sua maravilhosa luz." (1Pedro 2.9, NVT)

Pergunta para refletir:

Baseado em todos os versículos deste devocional, qual é a identidade que seu Pai lhe deu?

Motivos para orar:

- Agradeça por ter sido criada à imagem de Deus e porque, apesar do seu pecado, ele deu Jesus para restaurar sua identidade.
- Agradeça por seu novo nome de amada, escolhida, perdoada e filha de Deus.
- Peça que Deus faça de você alguém que mostre aos outros essa identidade restaurada que eles podem ter em Jesus, alguém que mostre como é admirável o Senhor que o tirou das trevas para sua maravilhosa luz.

Dia 14

Superando a solidão

Então o Senhor Deus declarou:
"Não é bom que o homem esteja só".
GÊNESIS 2.18

O ser humano não foi criado para caminhar sozinho. A Bíblia mostra isso quando, após formar o homem, Deus afirmou que sua solidão não era boa, e por isso fez a mulher, criando assim o primeiro relacionamento humano.

No entanto, por causa da Queda, a solidão voltou a existir, e todos a enfrentam em algum momento. E ela dói, não é mesmo? Até quando estamos cercadas de pessoas, muitas vezes nos sentimos sozinhas. A solidão pode ser esmagadora, especialmente quando sentimos que ninguém verdadeiramente nos vê ou compreende.

Muitas vezes, sofremos quando estamos sós porque isso nos lembra experiências passadas de abandono, falta de amor e proteção, ou até relacionamentos que não atenderam às nossas necessidades emocionais. Talvez a nossa maior dor venha dos vazios familiares, das lacunas deixadas por aqueles que deveriam nos proporcionar carinho, cuidado e presença. E o pior: cair na tentação de tomar decisões movidas pelo desespero, buscando preencher o vazio da solidão com companhia humana, na pressa do "Eu preciso ter alguém" ou "Eu não suporto ficar sozinha", geralmente nos leva a caminhos frustrantes e problemas ainda maiores.

Mas a verdade é que nunca estamos sozinhas.

A Bíblia nos lembra de uma verdade poderosa: "Ainda que meu pai e minha mãe me abandonem, o Senhor me acolherá" (Salmos 27.10). E há uma promessa ainda maior do que essa: "E eis que eu estou convosco todos os dias, até a consumação dos séculos" (Mateus 28.20). Quando o assunto é solidão, esses versículos precisam ser a maior verdade da nossa vida. Por mais que você venha a se sentir sozinha várias vezes, isso não deve ser um peso, ou seja, não podemos permitir que a falta de companhia defina como iremos reagir a esses sentimentos.

Não se deixe ser guiada por mentiras que levam à falta de pertencimento. A verdadeira liberdade começa quando rompemos com as cicatrizes do passado e entendemos que, em Cristo, todas as coisas se fazem novas.

O amor de Deus é perfeito e incondicional. Ele supre todas as nossas carências e nos acolhe quando o mundo falha. Nele encontramos o que nenhuma relação humana pode oferecer: cura, segurança e companhia sempre presente.

Há beleza em caminharmos juntos, seja em amizades, laços familiares ou relacionamentos amorosos. No entanto, nenhum desses vínculos pode substituir o valor da intimidade do nosso precioso relacionamento com Deus. Quando permitimos que as conexões humanas ocupem esse lugar, nos tornamos emocionalmente dependentes e, inevitavelmente, nos frustramos. Nada pode tomar o lugar de Deus em nosso coração.

Talvez nos sintamos sozinhas porque ainda não aprendemos a nos satisfazer plenamente em Deus.

A solidão pode bater à porta de todos, mas o que realmente transforma essa experiência é permitir que Jesus preencha os espaços vazios em nós. Quando ele ocupa o centro do nosso ser, a solidão perde sua força e a cura começa a acontecer. Quando ele se torna nossa fonte, a solidão perde o poder de nos definir.

Deus tem operado milagres em sua jornada, e ele é digno de sua gratidão, mesmo nas situações mais difíceis. Reconheça a bondade dele e permita que seu amor transforme sua solidão em um lugar de profunda intimidade com Jesus. Ele é a resposta.

"A solidão pode ser esmagadora, especialmente quando sentimos que ninguém verdadeiramente nos vê ou compreende. [...] Mas a verdade é que nunca estamos sozinhas."

Promessas para receber:

- "Não tenham medo [...] o Senhor, o seu Deus, vai com vocês; nunca os deixará, nunca os abandonará." (Deuteronômio 31.6)
- "Respondeu o Senhor: 'Eu mesmo o acompanharei, e lhe darei descanso'." (Êxodo 33.14)
- "O Senhor está perto de todos os que o invocam, de todos os que o invocam com sinceridade." (Salmos 145.18)

Pergunta para refletir:

Tente se lembrar da última vez em que se sentiu sozinha. O que você fez em resposta à solidão?

Motivos para orar:

- Agradeça porque Cristo está sempre ao seu lado, em todas as situações, onde você estiver.
- Agradeça porque ele é capaz de preencher com sua presença todos os vazios de seu coração deixados pela ausência de pessoas.
- Peça que ele cure sua dor e a ajude a suportar os tempos de solidão.

Dia 15

Uma família disfuncional curada pelo perdão

José, porém, lhes disse: "Não tenham medo. Estaria eu no lugar de Deus? Vocês planejaram o mal contra mim, mas Deus o tornou em bem, para que hoje fosse preservada a vida de muitos. Por isso, não tenham medo. Eu sustentarei vocês e seus filhos". Assim os tranquilizou e lhes falou amavelmente.
(GÊNESIS 50.19-21).

Em Gênesis 37–50, a Bíblia conta a história de José, o décimo primeiro dos doze irmãos que formaram a nação de Israel. Muitos dos problemas dele surgiram antes de seu nascimento. Apesar de ser rica e escolhida por Deus, sua família era complexa: um pai com mais de uma mulher (quatro, na verdade); onze irmãos, um de cada mãe; um irmão que frequentava casas de prostituição e dois irmãos assassinos. Nessa rede de problemas, ele acabou sendo vendido pelos irmãos como escravo para uma terra muito distante, o Egito. O que fica claro nessa história é que, assim como acontece com muitas de nós, o maior desafio da vida de José não estava em seu trabalho, nem em suas amizades, mas em sua própria casa. O lugar onde ele mais precisava de apoio foi o que mais lhe causou dor e sofrimento.

Talvez você esteja enfrentando problemas difíceis em sua casa e não consiga compreender o motivo de tantos conflitos. São muitos os lares marcados por conflitos entre o casal, os filhos, os avós e outros parentes. Esses problemas são decorrentes do pecado, e não da vontade do Senhor para o seu povo. No lugar onde o propósito de Deus era que houvesse amor e harmonia, hoje reina todo tipo de desrespeito, descontrole, vícios, abusos e negligências. Como se não bastasse, as consequências disso afetam gerações, já que, quando necessidades emocionais, psicológicas e até físicas não são atendidas de maneira saudável, os filhos crescem sem referência de caráter e sem bons exemplos a seguir. Porém, acredite que o plano de salvação que Jesus cumpriu na cruz foi justamente para transformar lares. A certeza que eu carrego é que, independentemente do que enfrentarmos, nada poderá impedir o cumprimento desse propósito divino de restaurar famílias.

Apesar de tudo isso, nosso Pai é aquele que nos visita em nossos problemas, fazendo milagres e operando curas em situações que parecem não ter mais solução. Foi o que aconteceu com José. Lá no Egito, a quilômetros de distância de sua terra e com a perspectiva de nunca mais ver sua família, ele prosperou porque o perdão já era uma decisão no seu coração. O mais inspirador sobre José é que, mesmo ocupando um lugar de autoridade, ele não guardou rancor nem desejou vingança. Algumas decisões da nossa vida nos promovem para um nível de maturidade espiritual, e o perdão é uma delas.

O Senhor não apenas transformou a jornada profissional de José, como também preencheu todas as lacunas que sua família deixou em seu coração. Ele foi o Pai que José não teve por muitos anos, e lhe deu uma esposa e dois filhos que supriram a necessidade de um lar de recomeço em sua vida. Precisamos aprender a confiar em Deus, para conseguir perdoar e caminhar com outras pessoas, inclusive na igreja. O perdão aprendido em casa ensina a perdoar fora dela. Se você não perdoar, terá dificuldade em viver em comunidade. Por isso, não foque naquilo que você não recebeu em sua família, mas no que você recebeu de Deus, seu Pai, e de irmãos em Cristo, e que agora pode oferecer a outros, com a ajuda e o poder do Espírito Santo.

É bom saber que não para por aí. Nosso Senhor também tem cura para os relacionamentos que nos trouxeram tristeza. Foi assim com José. Algo inesperado aconteceu. Muitos anos depois, seus irmãos foram até o Egito em busca de alimento em tempos de fome, e houve um reencontro entre eles e o irmão que venderam como escravo. O mais inspirador é que, nessa hora, mesmo ocupando um lugar de autoridade em que poderia fazer-lhes mal, José não guardou rancor nem desejou vingança. Pelo contrário, Deus o ajudou a perdoá-los e a se reconciliar com eles, passando a usar seu poder para protegê-los da fome que assolava o mundo. Em vez de se vingar, José serviu seus irmãos. Ele trouxe

“Nosso Senhor coloca em nosso coração a capacidade de perdoar. O perdão é sempre mais poderoso do que o ressentimento. O perdão tem o poder de mudar corações e libertar tanto o ofensor quanto aquele que foi ofendido.”

provisão para sua família, foi humilde e usou sua autoridade para servir.

Como você pode ver, mesmo em uma família totalmente disfuncional e aparentemente sem esperança, Deus restaurou relacionamentos; e ele pode fazer o mesmo hoje, no seu lar. Nosso Senhor coloca em nosso coração a capacidade de perdoar. O perdão é sempre mais poderoso do que o ressentimento. O perdão tem o poder de mudar corações e libertar tanto o ofensor quanto aquele que foi ofendido. José morreu, mas não antes de perdoar!

Pode parecer simples, mas não é. O perdão precisa ser uma decisão. Não é algo que somos capazes de fazer com nossas próprias forças. O perdão é algo que vem de Deus e que surgiu a um alto preço: o sangue de seu Filho Jesus na cruz. Nós mesmas precisamos de perdão, pois pecamos o tempo todo contra o Senhor e contra as pessoas. Por essa razão, ele nos chama a perdoar aqueles em nossa família que nos feriram: "Perdoem como o Senhor lhes perdoou" (Colossenses 3.13).

Promessas para receber:

- "Sejam bondosos e compassivos uns para com os outros, perdoando-se mutuamente, assim como Deus perdoou vocês em Cristo." (Efésios 4.32)
- "O filho lhe disse: 'Pai, pequei contra o céu e contra ti. Não sou mais digno de ser chamado teu filho'. Mas o pai disse aos seus servos: 'Depressa! [...] Vamos fazer uma festa e comemorar. Pois este meu filho estava morto e voltou à vida; estava perdido e foi achado'." (Lucas 15.21-24)
- "Hoje houve salvação nesta casa! [...] Pois o Filho do homem veio buscar e salvar o que estava perdido." (Lucas 19.9-10)

Pergunta para refletir:

Cite dois exemplos de momentos em que você foi ferida em sua família:

Cite dois exemplos de momentos em que você feriu alguém de sua família:

Motivos para orar:

- Agradeça por sua família, por mais desafiadora que seja.
- Peça a Deus para que ensine você a perdoar, pois essa atitude pode libertá-la para viver uma vida leve e livre de mágoas.
- Peça fé e perseverança para lutar pela salvação de sua família, e também para que você possa influenciar outras famílias com a bênção que recebeu de Deus.

Dia 16

Marta, Marta, por que se preocupa com tantas coisas?

"Senhor, não te importas que minha irmã tenha me deixado sozinha com o serviço? Dize-lhe que me ajude!" [...] "Marta! Marta! Você está preocupada e inquieta com muitas coisas; todavia apenas uma é necessária. Maria escolheu a boa parte, e esta não lhe será tirada."
LUCAS 10.40-42

Há um grande benefício em entregar tudo a Deus: Isso aquieta nossas preocupações.

Quando não entrego minha vida a ele em oração, eu me preocupo: são mil problemas presentes e futuros, e muitas vezes não está no nosso alcance solucioná-los, não é mesmo? Então, por me preocupar, eu me encho de tarefas para tentar dar conta de tudo e me manter no controle — algo para o qual não fui criada, pois só o Senhor tem tamanho poder. Sobrecarregada, eu me canso. E veja o que o cansaço causa: começo a pecar de várias formas, ficando impaciente, queixando-me, culpando outros por minha exaustão, e sentindo-me vazia por fazer tantas coisas sem desfrutá-las. Finalmente, por estar cansada e em pecado, passo menos tempo com Deus. Não podemos nos entregar a esse ciclo interminável de tarefas, acreditando que essa é a única realidade que nos cabe viver. Mas então, como sair dele? A Bíblia responde com uma ilustração perfeita.

Em Lucas 10.38-42, Jesus e seus discípulos chegaram ao povoado de Betânia, onde foram recebidos na casa de três irmãos: Lázaro, Marta e Maria. Porém, enquanto Marta se ocupava em servir o Senhor, Maria ficou sentada aos pés dele, ouvindo seus ensinamentos. Indignada com isso, Marta se queixou a Jesus, perguntando se ele não se importava que sua irmã deixasse de ajudá-la.

Pobre Marta. Ela estava tão atarefada que nem notou que, bem ali, diante de seus olhos, estava acontecendo um evento que mudaria o curso da história. Veja, ela não estava fazendo nada de errado. Pelo contrário, numa época em que a hospitalidade era altamente valorizada, Marta estava cumprindo com dedicação o papel que se esperava de uma mulher em sua cultura. O ponto é que, naquele dia, Jesus estava revolucionando a cultura.

Até então, rabinos e mestres não ensinavam mulheres, pois a visão predominante era de que elas não possuíam a capacidade de aprender nem de participar plenamente da sociedade. Naquele exato momento, nosso Senhor veio, quebrando e ressignificando a cultura ao dizer que, sim, mulheres poderiam ser suas discípulas. Aquele era um momento de pertencimento, não de afazeres. Ao desfrutar do privilégio de parar e ouvir Jesus, você descobre que é importante para ele.

Maria fez a escolha certa ao reconhecer e aproveitar aquele momento único, aquela oportunidade de estar com o Mestre. E nosso Senhor legitimou seu desejo de segui-lo, afirmando que ninguém jamais poderia tirar isso dela. Assim, aquela mulher desfrutou de um banquete de ensino, renovação e revelação.

Esse contraste entre Marta e Maria nos ensina que, embora servir seja importante, devemos valorizar acima de tudo os momentos de intimidade com o Deus a quem servimos, que não podem ser substituídos por nenhuma outra atividade. Primeiro, nos assentamos a seus pés e, depois, agimos em seu serviço. Não podemos servir alguém que não é prioridade para nós; simplesmente não faz sentido.

Nunca pare de olhar para Cristo. Servir é bom, mas o melhor de tudo é ser servida por ele, recebendo os seus ensinamentos, que transformam e trazem paz ao coração. Quando nos colocamos aos seus pés, encontramos o verdadeiro descanso. Só então saberemos quais são as coisas que realmente devemos fazer, sem nos enchermos de tarefas e preocupações. Quando colocamos as coisas na prioridade certa — primeiro nosso tempo com Deus (que é o que realmente tem valor, o motivo de tudo o que fazemos), depois nosso tempo com as pessoas (os afazeres da vida) —, tudo se encaixa. É como se o Senhor nos confortasse, dizendo: "Eu não chamei você apenas para realizar coisas para mim. Eu a escolhi para me relacionar com você".

Por isso, aquiete-se. Aprenda a aproveitar o momento. Desfrute do lugar de sua presença. Busque o lugar da intimidade. Reserve um tempo para acessar a melhor parte, depois programe seu dia! Busque primeiro a Jesus, e assim você será renovada e curada das preocupações.

Promessas para receber:

- "Ó Deus, tu és o meu Deus, eu te busco intensamente; a minha alma tem sede de ti! Todo o meu ser anseia por ti, numa terra seca, exausta e sem água [...] O teu amor é melhor do que a vida!" (Salmos 63.1-3)
- "Busquem, pois, em primeiro lugar o Reino de Deus e a sua justiça, e todas essas coisas lhes serão acrescentadas." (Mateus 6.33)
- Quem não é servido por Jesus primeiro não pode servi-lo depois (cf. João 13.8).

Pergunta para refletir:

O que você poderia tirar do seu dia que tem lhe roubado a melhor parte?

Motivos para orar:

- Agradeça porque Jesus fez de nós suas discípulas, e isso ninguém pode nos tirar.
- Agradeça pois, mais do que ser servido, ele veio para se relacionar conosco.
- Peça que, mesmo na correria, você sempre reserve o primeiro e melhor tempo do dia para estar com o Senhor, crendo que depois todo o resto se encaixará no devido lugar.

Dia 17

A dor da orfandade e do abandono

Ainda que me abandonem pai e mãe, o Senhor me acolherá.
SALMOS 27.10

A dor da orfandade é profunda e única, pois vai além da simples ausência física de pais que faleceram. Ela também envolve a ausência emocional e o abandono de pais que deveriam proteger, orientar e apoiar seus filhos, mas não se mostram presentes.

Mesmo com pais presentes, muitas pessoas não recebem a atenção e o afeto necessários para se sentirem verdadeiramente amadas. Esses filhos podem ser "órfãos de pais vivos", carregando dentro de si o vazio de não terem sido compreendidos ou valorizados. A dor da orfandade emocional é tão real quanto a física, pois o coração se sente rejeitado e a alma, carente de atenção. Ansiamos por um senso de pertencimento e segurança.

Porém, algo pior pode acontecer quando, além de herdarmos uma dor emocional, nós a repassamos para outros. Crescemos questionando o nosso valor e tentando, a todo custo, encontrar aceitação, e depois repetimos nossa história de sofrimento e nosso comportamento

“Deus vê você, ele a ama profundamente e, através do seu amor, cura todo vazio deixado pelo abandono.”

disfuncional no relacionamento com nossos filhos.

Isso não precisa acontecer. No poder do Espírito Santo, podemos encarar nossa dor e buscar cura. O maior exemplo bíblico de vitória sobre o abandono é o de Jesus. Ele também passou por essa dor na Cruz: "Por volta das três horas da tarde, Jesus bradou em alta voz: [...] 'Meu Deus! Meu Deus! Por que me abandonaste?'" (Mateus 27.46). Apesar de seu sofrimento, ele venceu a dor e até mesmo a morte. Por isso, embora a dor da orfandade e do abandono seja legítima, não fique buscando culpados para suas dores; busque a Jesus, que tem poder para mudar o seu cenário. Não importa o que você tenha vivido em relação aos seus familiares que a abandonaram. Deus vê você, ele a ama profundamente e, através do seu amor, cura todo vazio deixado pelo abandono. Ao reconhecermos o amor de Deus, somos restauradas, e nossa identidade é redefinida não pelos erros ou falhas dos outros, mas pelo amor imensurável de nosso Pai Celestial.

Deus oferece cura e restauração através da sua Palavra, lembrando-nos que, ainda que os nossos pais nos abandonem, ele nunca nos abandonará. Ele é o refúgio, o acolhimento e a paz que nossa alma tanto necessita. Você tem um pai que a ama e aprova. Se você se sente órfã, abandonada ou rejeitada, peça que Deus venha ao seu encontro e restaure tudo o que foi quebrado.

Promessas para receber:

- "O Senhor está perto de todos os que o invocam, de todos os que o invocam em verdade [...] ouve-os gritar por socorro e os salva. O Senhor cuida de todos os que o amam." (Salmos 145.18-20)
- "O Espírito da verdade, o mundo não pode recebê-lo, porque não o vê nem o conhece. Mas vocês o conhecem, pois ele vive com vocês e estará em vocês. Não os deixarei órfãos." (João 14.17-18)
- "E eu estarei sempre com vocês, até o fim dos tempos." (Mateus 28.20)

Pergunta para refletir:

Em algum momento de sua vida, você se sentiu órfã?

Motivos para orar:

- Agradeça porque Deus é seu Pai e porque, graças a Jesus, nunca estará sem sua companhia.
- Peça que ele a cure de todo sofrimento ou cicatrizes que restaram da ausência de seus pais.
- Peça por outras pessoas que passam por isso, para que o Senhor trate suas dores.

Dia 18

Confronte pensamentos negativos

Não se amoldem ao padrão deste mundo, mas transformem-se pela renovação da sua mente, para que sejam capazes de experimentar e comprovar a boa, agradável e perfeita vontade de Deus.
Romanos 12.2

A verdadeira transformação em nós acontece a partir do momento que permitimos que a Palavra de Deus seja a base do nosso pensamento.

Os ambientes nos influenciam, as amizades nos influenciam e os pensamentos também. Por isso, precisamos gerenciar tudo o que pensamos. Pessoa otimistas nos cativam, mas gente pessimista é capaz de nos destruir. A negatividade alheia, quando não administrada, tem o poder de contaminar nosso estado emocional e espiritual. Sendo assim, é essencial estabelecer limites saudáveis.

A Bíblia nos ensina: "Acima de tudo, guarde os seus pensamentos, porque deles depende a sua vida" (Provérbios 4.23, VFL). Isso significa que devemos proteger nossa mente e espírito de tudo que não nos aproxima de Deus, orientando-nos pela Palavra.

Veja um exemplo: pensar de si mesma além do que convém é algo perigoso. Muitas pessoas carregam pensamentos distorcidos de orgulho ou de desmerecimento, padrões irreais que as enganam e destroem sua autoestima, que as afastam da identidade que Deus lhes deu. Contudo se conhecemos a Bíblia, sabemos que não devemos nos moldar por essas ideias, pois está escrito: "Ninguém tenha de si mesmo um conceito mais elevado [ou diminuído] do que deve ter; mas, pelo contrário, tenha um conceito equilibrado, de acordo com a medida da fé que Deus lhe concedeu" (Romanos 12.3).

A mente humana é um campo fértil, tanto para a verdade quanto para a mentira. É por isso que a Bíblia nos ensina a levar todo pensamento cativo à obediência de Cristo (cf. 2Coríntios 10.5), ou seja, não devemos aceitar qualquer ideia que surja em nossa mente como

"A verdadeira transformação em nós acontece a partir do momento que permitimos que a Palavra de Deus seja a base do nosso pensamento."

verdade absoluta, mas apenas aquilo que vem do Senhor. Precisamos questionar: Isso está alinhado com a Palavra de Deus?

Renovar a mente é um processo diário e divino. Requer disciplina e atenção. Exige que nos apeguemos ao que Deus diz. Quando começamos a pensar corretamente, nossas atitudes mudam, nossa fé se fortalece e experimentamos a paz de Deus, fortalecendo nossa mente.

Você pode mudar a realidade dos pensamentos negativos exercendo a cultura da gratidão, sendo leve consigo mesma, focando em soluções e não em problemas, rebatendo pensamentos mentirosos com coragem e tendo cuidado com o que você ouve. Se ideias negativas tentarem dominar sua mente hoje, confronte-as com a verdade.

Mulher, que tal começar a pensar biblicamente sobre sua vida familiar, profissional e por onde for? Já experimentou profetizar a realidade da Palavra sobre o mundo que a cerca? Eu lhe garanto que, ao fazer isso de forma constante, sua mente e até a das pessoas ao seu redor serão transformadas e ativadas com o poder de Deus.

Promessas para receber:

- "Irmãos, deixem de pensar como crianças. Com respeito ao mal, sejam crianças; mas, quanto ao modo de pensar, sejam adultos." (1Coríntios 14.20)
- "Finalmente, irmãos, pensem em tudo o que for verdadeiro, tudo o que for digno de respeito, tudo o que for justo, tudo o que for puro, tudo o que for amável, tudo o que for de boa fama, em tudo o que houver alguma virtude ou algo de louvor." (Filipenses 4.8)
- "Portanto, santos irmãos, participantes do chamado celestial, fixem os seus pensamentos em Jesus." (Hebreus 3.1)

Pergunta para refletir:

Cite um pensamento negativo que você tem deixado influenciar sua mente. Em seguida, pesquise na Bíblia um versículo que possa ajudar a combatê-lo e se apegue a essa verdade.

Motivos para orar:

- Agradeça porque temos a Bíblia como manual de Deus para todos os aspectos do viver.
- Agradeça pelo Espírito Santo, que é capaz de manter nossa mente focada no que agrada ao Senhor.
- Peça que ele a proteja de pensamentos nocivos e encha sua mente com a verdade das Escrituras.

Dia 19

Não se prenda ao vitimismo

Não me chamem Noemi, chamem-me Mara, pois o Todo-poderoso tornou minha vida muito amarga! De mãos cheias eu parti [para Moabe]; mas de mãos vazias o Senhor me trouxe de volta. Por que me chamam Noemi? O Senhor colocou-se contra mim! O Todo-poderoso me trouxe desgraça!
RUTE 1.20-21

Vitimismo é quando uma pessoa, apesar de ter passado por alguma situação desagradável, exagera ou utiliza isso de forma inapropriada, buscando conquistar atenção e compaixão dos outros. O problema é que, ao fazer isso, muitas vezes ela impede a si mesma de crescer e superar as adversidades, tornando-se refém daquilo que sofreu.

Querida leitora, certamente você passou ou passa por dificuldades, e eu não conheço nem consigo imaginar a profundidade da sua dor. Porém, a boa notícia é que a Bíblia está cheia de personagens, como José e Davi, que enfrentaram vários tipos de sofrimento e, ainda assim, escolheram não se tornar vítimas de suas aflições. Na força que vem do Senhor, eles decidiram superar e encontrar propósito em suas circunstâncias.

Para nossa reflexão, quero falar da história de Rute. Ela era moabita, ou seja, não pertencia à nação de Israel, mas encontrou uma família israelita onde morava e se casou com um dos filhos deles. Porém, em certo momento, houve uma crise naquele lar, quando morreu seu marido, seu cunhado e seu sogro, restando apenas sua sogra Noemi. Esta até sugeriu que Rute continuasse em sua terra e arranjasse um novo marido, mas a jovem se apegou ao Deus de Israel e, por isso, decidiu acompanhar sua sogra.

Quando chegaram a Israel, Noemi caiu na armadilha do vitimismo e começou a culpar o Senhor por toda aquela perda. Volte ao versículo inicial e releia o que ela disse às outras mulheres de sua cidade.

Noemi ficou comparando seu passado com seu presente, e isso lhe trouxe insatisfação com o Senhor. Deixe a dor no passado e olhe para o futuro; o passado não caminha com o futuro. Aliás, como você lida com essa comparação? A comparação alimenta o vitimismo, fazendo-nos acreditar que Deus não nos trata como antes, ou que faz o bem para todos, menos para nós. Contudo, ele tem um processo e um tempo determinado para cada pessoa. Se cairmos na comparação, ficaremos com um sentimento de injustiça, nos vendo como "coitadinhas" e dignas de pena, sem enxergar a bondade de Deus em nossa vida.

Noemi estava em vitimismo, mas o Senhor a tirou dessa situação. Pouco a pouco, ele foi lhe mostrando um novo amanhã por meio de sua nora, Rute, que expressara imensa lealdade, tomando uma decisão que muitos considerariam irracional e arriscada. Afinal, naquela época, a mulher não podia trabalhar como hoje e, quando perdia marido e filhos homens, ficava totalmente sem sustento e sem futuro, dependendo da caridade de outros. Assim,

Rute agora era uma viúva, alguém sem provedor, mas, mesmo nessa situação de dor e desesperança, ela escolheu servir e ser leal à sua sogra, uma pessoa que não tinha mais nada a lhe oferecer.

Rute escolheu não ficar no vitimismo. Ela não se deixou paralisar, mas fez sua vida continuar acontecendo. Mesmo em meio à dor, ela teve fé no Senhor e decidiu agir. Deus, então, começou a transformar sua situação difícil em um lindo milagre.

A primeira decisão de Rute foi usar a única forma de sustento que havia para as viúvas na época: recolher espigas de cereais que caíam pelo caminho nos campos quando havia a colheita. Ela dependeria da bondade do dono do campo, mas se arriscou a ouvir um não mesmo assim. A resposta do dono do campo, chamado Boaz, foi um elogio à fidelidade dela a Noemi e ao Deus de Israel. Além disso, ele a deixou colher espigas em maior quantidade e almoçar com os trabalhadores da plantação.

Rute foi recompensada por sua coragem. Sua história não foi contada como a de uma mulher que se enterrou na dor, mas como a de alguém que lutou pela sua sobrevivência. Ela não ficou presa à perda, mas deu passos de fé, e isso a levou a ser reconhecida pelas pessoas e abençoada por Deus.

E algo mais incrível ainda aconteceu: Boaz se casou com Rute, e Noemi teve um neto, alguém para continuar sua descendência. Rute não teve apenas sua história transformada, ela conseguiu

"Cada dor tem um propósito, e como você a enfrenta fará toda a diferença."

mudar a história de outras pessoas, inclusive a de sua sogra.

Cada dor tem um propósito, e a forma como você a enfrenta fará toda a diferença.

Assim como Noemi, pode ser que você sinta que não tem forças para lutar contra as circunstâncias, mas preste atenção: nosso Pai é a fonte inesgotável de força e graça. Ele resgatou Noemi de sua tristeza e lhe trouxe esperança. E pode fazer isso com você também. Portanto, semelhantemente a ela, mantenha os olhos abertos para o que ele já tem feito ao seu redor, para as demonstrações da bondade dele em sua vida. Você é filha do Rei e tem autoridade para governar sua mente e seus pensamentos. Quando Noemi teve seu neto, ela passou a falar do que Deus fez em sua história a todos na cidade, e você também pode ser uma porta-voz do poder de transformação do Senhor.

Você tem se sentido vítima do que vive e não consegue ver esperança para sua vida? Libere-se dessa mentalidade. Olhe para o bem que Deus já está fazendo e reconheça que, mesmo em meio às dificuldades, ele está trabalhando. Deus tem um futuro para você, e a graça dele é suficiente.

Promessas para receber:

- "Mas, quanto a mim, ficarei atento ao Senhor, esperando em Deus, o meu Salvador, pois o meu Deus me ouvirá." (Miqueias 7.7)
- "Pois Deus não nos deu um espírito de covardia, mas de poder, de amor e de domínio próprio." (2Timóteo 1.7)
- "Mas tu enxergas o sofrimento e a dor; observa-os para tomá-los em tuas mãos. A vítima deles entrega-se a ti; tu és o protetor do órfão [e da viúva]." (Salmos 10.14)

Pergunta para refletir:

Quando foi a última vez que você ficou presa a uma dor da qual foi vítima? Como aconteceu esse caso?

Motivos para orar:

- Agradeça a Deus porque ele não permite que nada lhe aconteça se não for da vontade dele.
- Agradeça porque nosso Pai cuida de você e a sustenta em todas as circunstâncias.
- Peça que ele lhe dê um coração confiante no seu cuidado e provisão, e uma fé que a mova a agir e sempre seguir em frente.

Dia 20

Cuidado com os bajuladores

Quem adula seu próximo está armando uma rede para os pés dele.
PROVÉRBIOS 29.5

Desde os tempos bíblicos, a fidelidade e a verdade sempre foram sacrificadas no altar do egoísmo e da falsidade. O salmista já dizia em sua época: "Salva-nos, Senhor! Já não há quem seja fiel; já não se confia em ninguém entre os homens. Cada um mente ao seu próximo; seus lábios bajuladores falam com segundas intenções" (Salmos 12.1-2).

Como se pode ver, os bajuladores são aqueles que chamamos, na linguagem popular, de "puxa-saco". Quem nunca teve por perto indivíduos traiçoeiros, aproveitadores e oportunistas, que se aproximam de nós como se fossem inofensivos e com boas intenções, seja na vida profissional ou até mesmo na família e na igreja? Eles são observadores e logo descobrem como agradar as pessoas, mas suas demonstrações de afeto e elogios são pura falsidade, cheias de segundas intenções, a fim de descobrirem informações, conseguirem favores e serem valorizados para, manipulando outros, alcançarem seus próprios interesses. Os bajuladores são pessoas desleais e Jesus os chama de filhos do diabo, aquele que é o pai da mentira e o maior dos mestres em camuflar suas táticas e armadilhas.

É por isso que Jesus traz essa advertência: "Cuidado [...] Eles vêm a vocês vestidos de peles de ovelhas, mas por dentro são lobos devoradores" (Mateus 7.15).

Portanto, se nem todos são confiáveis e precisamos ter cuidado com as pessoas e com o que dizemos a elas, como obter discernimento para nos proteger? Felizmente, por mais que essas pessoas falsas sejam boas em criar uma fachada de amizade e confiança, há um Deus onisciente que conhece as intenções do coração de todos: "Os olhos do Senhor estão em toda parte, observando atentamente os maus e os bons" (Provérbios 15.3). Ele nos guia por meio deste conselho: "Vocês os reconhecerão por seus frutos" (Mateus 7.16).

Mesmo assim, não basta ter inteligência humana; é preciso discernimento espiritual para reconhecer essa astúcia. Haverá casos em que só descobriremos más

"Haverá casos em que só descobriremos más intenções alheias pela direção do Espírito Santo em oração."

intenções alheias pela direção do Espírito Santo em oração. Peça a orientação dele. A Palavra afirma que ele nunca nega sabedoria a quem a pede (cf. Tiago 1.5).

Para nosso alívio, mesmo com essa realidade desanimadora e perigosa ao nosso redor, Deus nos dá esperança: ainda que raras, sempre haverá amizades preciosas baseadas em fidelidade, e amigos que serão mais chegados do que irmãos (cf. Provérbios 17.17). Em vez de buscar muitas amizades, devemos nos cercar de pessoas e conselheiros que nos amam de maneira genuína, a ponto de nos confrontar com a verdade, por mais difícil que seja ouvi-la: "Quem fere por amor mostra lealdade, mas o inimigo multiplica beijos" (Provérbios 27.6). Essa é uma forma de reconhecermos verdadeiros amigos também.

Observe as pessoas ao seu redor e afirme como o salmista: "Meus olhos aprovam os fiéis da terra, e eles habitarão comigo. Somente quem tem vida íntegra me servirá" (Salmos 101.6). Encontrar pessoas confiáveis é um presente de Deus; por isso, valorize aqueles que sempre estiveram ao seu lado com integridade e compromisso.

Promessas para receber:

- "Estes são murmuradores e descontentes, que seguem os seus desejos impuros; falam altivamente e adulam os outros para tirar vantagem." (Judas 16)
- "Você vive no meio do engano; por causa do engano, eles se recusam a reconhecer-me, declara o Senhor." (Jeremias 9.6)
- "Mantém longe de mim a falsidade e a mentira." (Provérbios 30.8)

Pergunta para refletir:

Quem surge em sua mente quando você pensa em lealdade e apoio nos momentos mais desafiadores? Aproveite para enviar uma mensagem de gratidão a essa preciosa pessoa.

Motivos para orar:

- Agradeça porque Deus coloca ao nosso redor pessoas boas, que nos amam com sinceridade.
- Agradeça pelo discernimento e proteção contra pessoas falsas oferecidos pelo Espírito Santo quando lhe pedimos.
- Peça que ele lhe abra os olhos para ver todo tipo de engano ao seu redor, que você não seja ingênua nem excessivamente desconfiada, mas sábia.

Dia 21

Avalie as influências ao seu redor

Bem-aventurado aquele que não anda segundo o conselho dos ímpios, não se detém no caminho dos pecadores, nem se assenta na companhia dos zombadores. Ao contrário, a sua satisfação está na lei do Senhor, e na sua lei medita dia e noite.
SALMOS 1.1-2

Tudo ao nosso redor tem o poder de nos influenciar: a cultura familiar na qual fomos criadas, as amizades que escolhemos, a liderança que seguimos, os lugares que frequentamos, e tudo o que ouvimos e vemos. A grande verdade é:

Ou influenciamos o mundo, ou seremos influenciadas por ele.

No salmo 1, a palavra "bem-aventurado" significa "feliz". Esse termo vem do hebraico *ashrei*, que aparece várias vezes no livro de Salmos descrevendo os justos, aqueles que andam no caminho da retidão. Eles não se deixam levar pelas más influências, nem se envolvem com o caminho dos pecadores, isto é, daqueles que zombam ou rejeitam os princípios de Deus.

O caminho dos pecadores é perigoso, pois as escolhas que se fazem nele conduzem à morte espiritual e possivelmente até à morte física. Más influências moldam comportamentos que não combinam com o cristão; se não tomarmos cuidado, pouco a pouco começaremos a aceitá-los como normais. Conversas carregadas de fofocas, ambientes tóxicos e constantes insatisfações e reclamações podem nos arrastar para um lugar que Deus não deseja para nós. E, quando menos percebermos, já estaremos carregadas de pecados e distantes do Senhor.

Não permita que sua presença seja associada à roda de pessoas desleais, que alimentam contendas e confusão. Se você se permitir fazer parte dessas conversas, mesmo que por breves momentos, acabará se tornando parte do problema. Não precisamos fazer parte de um grupo que nos afasta do Senhor, só para não ficarmos sozinhas. É como diz o ditado: "Antes só do que mal-acompanhada". Não precisamos de aprovação dos outros a ponto de estarmos em mesas às quais não pertencemos apenas para nos sentirmos validadas e enturmadas. Isso alimenta o pior que há em nós, e pode custar caro. É melhor que estejamos acompanhadas de uma única pessoa que compartilhe sabedoria e promova paz em vez de conflitos, do que estarmos cercadas de falsos amigos que nos levam para longe de Deus. Não se deixe ser enganada.

Como cristãs, devemos ser como o justo, como aquele que é feliz e que se deleita na Palavra. Ele é como uma árvore bem plantada, que prospera e frutifica no tempo certo, sempre alinhado com o propósito de Deus (cf. Salmos 1.3). A pessoa que pertence a Jesus tem a vida marcada por prosperidade espiritual, pois está firmada nas verdades eternas do Senhor. Quem deve nos influenciar é a Palavra, bem como nossos irmãos em Cristo que são cheios dela e a praticam. É essencial estarmos em ambientes que nos fortaleçam espiritualmente, como a casa de Deus.

Nós não fomos chamadas para ser influenciadas pelo mundo, mas para influenciá-lo, a fim de que a luz de Cristo brilhe através de nós na escuridão que nos cerca. A Bíblia diz: "Brilhe a luz de vocês diante dos homens, para que vejam as suas boas obras e glorifiquem a seu Pai, que está nos céus" (Mateus 5.16).

Resta a pergunta: e então, como brilhar Cristo? Como influenciar os outros para ele? É simples: basta glorificar "a seu Pai, que está nos céus", e não a si mesma. Por exemplo: a pessoa do mundo fica com o mérito dos sucessos que alcança. Nós, porém, quando colocamos nosso ego de lado e buscamos a humildade, fazemos com que o Senhor é que fique visível em nossas atitudes, palavras e ações. O novo nascimento que recebemos transforma nossa vida e revela se estamos vivendo para exaltar a nós mesmas ou a Deus. A verdadeira influência de um cristão não é se autopromover ou ser influenciado pelas obras do mal, mas fazer brilhar a glória de Deus, para que outros vejam suas boas obras e o louvem. Nossa influência, sob a poderosa mão de Deus, deve ser sempre um reflexo de sua obra em nós, e não da nossa própria arrogância.

Que sejamos intencionais em nossas escolhas, vigilantes quanto às influências que permitimos entrar em nossas vidas, e sábias quanto à forma como influenciamos o mundo.

Promessas para receber:

- "Em tudo seja você mesmo um exemplo para eles, fazendo o que é bom. No ensino, mostre integridade e seriedade; use linguagem sadia e irrepreensível, para que aqueles que se opõem a você fiquem envergonhados por não poderem falar mal de nós." (Tito 2.7-8)
- "Peço, irmãos, que tomem cuidado com aqueles que causam divisões e põem obstáculos ao ensino que vocês aprenderam; afastem-se deles." (Romanos 16.17)
- "Seja um exemplo [...] na palavra, no procedimento, no amor, na fé e na pureza." (1Timóteo 4.12)

Pergunta para refletir:

Qual é a área da sua vida em que você se sente fraca e facilmente influenciada? Quem tem sido seu principal influenciador?

Motivos para orar:

- Agradeça a Deus por lhe ter dado a salvação em meio ao mundo caído que nos cerca e que oferece uma falsa felicidade.
- Agradeça pelas boas influências que abençoam você, e peça pelas pessoas que são más influências e estão enganadas pelo pecado.
- Peça que o Senhor a santifique e capacite a brilhar por ele neste mundo.

Dia 22

Não se deixando esmagar pelo sofrimento

Pois os nossos sofrimentos leves e momentâneos estão produzindo para nós uma glória eterna que pesa mais do que todos eles. Assim, fixamos os olhos, não naquilo que se vê, mas no que não se vê, pois o que se vê é transitório, mas o que não se vê é eterno.
2CORÍNTIOS 4.17-18

O sofrimento é algo que ninguém deseja enfrentar, mas pelo qual todos passam. Nós, cristãs, não estamos isentas disso; pelo contrário, as aflições fazem parte do legado do pecado, mas também do legado que Cristo nos deixou durante toda a sua vida. Observe: "Foi desprezado e rejeitado pelos homens, um homem de dores e experimentado no sofrimento. Como alguém de quem os homens escondem o rosto, foi desprezado, e nós não o tínhamos em estima" (Isaías 53.3). Jesus foi experimentado no sofrimento, mesmo sem ter cometido pecado. Ele sofreu para que pudéssemos ter vida, e se ele, sendo santo, enfrentou tribulações, por que nós não?

Infelizmente, muitas vezes reagimos de forma carnal, tentando fugir das provações ou questionando a Deus.

Talvez nossa dor até esteja sendo potencializada pela nossa resistência em pedir ajuda; queremos ser fortes sozinhas, mas, no fundo, isso é puro orgulho.

No entanto, para seu povo escolhido, há um consolo: cada dificuldade carrega um propósito. Fomos chamadas para ser fortalecidas no Senhor e, assim, suportar o peso das aflições.

Para aprender isso, devemos observar o maior sofrimento que já existiu e existirá: a morte de Jesus, suportando a ira de Deus contra todo o nosso pecado. A Bíblia relata sua aflição no jardim do Getsêmani, pouco antes de ser preso, crucificado e morto: "Indo um pouco mais adiante, prostrou-se com o rosto em terra e orou: 'Meu Pai, se for possível, afasta de mim este cálice; contudo, não seja como eu quero, mas sim como tu queres'" (Mateus 26.39).

A reação de Jesus a tamanha angústia foi a rendição ao Pai. Ele não negou sua dor, mas também não permitiu que ela o desviasse de seu propósito. "Não seja como eu quero, mas sim como tu queres": você consegue perceber a profundidade dessa entrega? Mesmo diante do sofrimento iminente, Jesus não fugiu de sua cruz. Ele enfrentou a dor com a certeza de que era passageira e necessária para o cumprimento do plano divino.

Talvez ninguém saiba o peso da sua dor nem há quanto tempo você a carrega, mas uma coisa é certa: até aqui o Senhor a tem sustentado. Se não fosse a mão dele, você já teria desmoronado. Você sabe disso. Nossos sofrimentos não pegam Deus de surpresa. Desde a fundação do mundo, ele já sabia o que enfrentaríamos e derramou graça suficiente para nos sustentar.

E observe também: "Meus irmãos, considerem motivo de grande alegria o fato de passarem por diversas provações, pois vocês sabem que a prova da sua fé produz perseverança" (Tiago 1.2-3). A verdade é que Deus nos deu uma autoridade que confunde o mundo: passarmos pelo sofrimento com alegria. Isso vai além da compreensão humana — manter a paz em meio à dor, confiar mesmo sem entender, e se alegrar sabendo que Deus está cumprindo seu propósito.

Jó, um homem íntegro, passou por provações que esmagaram as suas forças ao perder tudo, mas ao final pôde dizer: "Eu te conhecia só de ouvir, mas agora os meus olhos te veem" (Jó 42.5, ARA). Graças a Jesus, a dor não é um sinal de abandono, mas um processo de lapidação e crescimento espiritual. Através das dificuldades, somos fortalecidas. O fundo do poço não é o fim, é um processo que expande a visão. No mínimo, você sairá desse deserto vendo Deus de uma forma que nunca viu.

Que essa verdade nos sustente: não há sofrimento que Deus não possa redimir e transformar em glória. Mesmo esmagadas pelo processo, jamais seremos destruídas, pois em Cristo, o sofrimento sempre dá lugar à ressurreição. Jesus nos deu esperança: "Neste mundo vocês terão aflições; contudo, tenham ânimo! Eu venci o mundo" (João 16.33).

Decida como enxergará os sofrimentos passageiros. Você pode vê-los como um fardo insuportável ou como um processo de amadurecimento. Decida enxergar com os olhos da fé. A dor é real, mas não será eterna.

"Mesmo
esmagadas
pelo processo,
jamais seremos
destruídas,
pois em Cristo,
o sofrimento
sempre
dá lugar à
ressurreição."

Seja positiva no meio do pessimismo. Escolha ser corajosa em meio à intimidação. A sua postura precisa ser correspondente à identidade que Deus lhe entregou. A intimidação do Inimigo não pode derrubar alguém que sabe quem é em Cristo. Chegou o tempo de fortalecer a sua identidade, não dê voz à serpente. Você vai dar conta!

Promessas para receber:

- “De todos os lados somos pressionados, mas não desanimados; ficamos perplexos, mas não desesperados; somos perseguidos, mas não abandonados; abatidos, mas não destruídos. Trazemos sempre em nosso corpo o morrer de Jesus, para que a vida de Jesus também seja revelada em nosso corpo.” (2Coríntios 4.8-10)
- “Tens sido refúgio para os pobres, refúgio para os necessitados na aflição, abrigo na tempestade e sombra contra o calor.” (Isaías 25.4)
- “O Senhor é a minha força e o meu escudo; nele o meu coração confia, e dele recebo ajuda. O meu coração exulta de alegria, e com o meu cântico lhe darei graças.” (Salmos 28.7)

Pergunta para refletir:

No meio do sofrimento, você consegue enxergar o Senhor? Tente expressar a ele o que está sentindo nesse momento, derrame diante dele sua aflição.

Motivos para orar:

- Agradeça porque, mesmo no vale da sombra da morte, o Senhor está com você.
- Agradeça pelas pessoas que estão ao seu lado, dando-lhe apoio nessas horas.
- Peça que ele a carregue no colo e a conforte.

Dia 23

Jesus chama mulheres

Tendo começado o primeiro dia da semana, Maria Madalena e a outra Maria foram ver o sepulcro [...] De repente, Jesus as encontrou e disse: "Salve!" Elas se aproximaram dele, abraçaram-lhe os pés e o adoraram. Então Jesus lhes disse: "Não tenham medo. Vão dizer a meus irmãos que se dirijam para a Galileia; lá eles me verão" [...] amedrontadas e cheias de alegria, foram correndo anunciá-lo aos discípulos.
MATEUS 28.1, 9-10, 8

Para Jesus, as mulheres sempre foram importantes.

Em meio a um mundo confuso que oscila entre machismo e feminismo, criando uma verdadeira guerra dos sexos, o nome do Senhor tem trazido paz e parceria, revolucionando a história.

Quero apresentar aqui algumas verdades que aprendemos sobre as mulheres, com base em sua vida relatada na Bíblia.

Cristo deu à mulher a dignidade de ser sua discípula. Em um mundo governado por homens, ele foi o primeiro mestre a aceitar mulheres como suas alunas. Elas o seguiam, aprendiam a seus pés e o serviam com amor. A Palavra conta que as mulheres até "ajudavam a sustentá-lo com os seus bens" (Lucas 8.3) e, aparentemente, Jesus não se sentia humilhado por isso.

Ele também deu à mulher a dignidade de ser sua testemunha neste mundo. As mulheres foram as primeiras a saber de sua ressurreição, como mostra o versículo inicial. Naquela época, o testemunho de uma mulher não valia nada, tanto que nessa ocasião os discípulos "não acreditaram nas mulheres; [pois] as palavras delas lhes pareciam loucura" (Lucas 24.11), mas mesmo assim, depois que ressuscitou, o Senhor quis se revelar primeiro a elas. As mulheres receberam a mesma missão dos homens de pregar o Evangelho a toda criatura, tanto que as vemos evangelizando, fosse dentro de casa ou fora dela.

Dentro de casa, temos o exemplo da mãe e da avó de Timóteo, que foram modelo de vida cristã para ele desde criança. Em carta a ele já adulto, Paulo disse: "Recordo-me da sua fé não fingida, que primeiro habitou em sua avó Lóide e em sua mãe Eunice, e estou convencido de que também habita em você" (2Timóteo 1.5). Elas ensinaram as verdades de Deus e deram exemplo de fé ao menino que, mesmo tendo pai não crente, se converteu e se tornou missionário.

Fora de casa, temos o exemplo de uma evangelista da cidade de Cencreia, chamada Febe. Paulo não a tratava como inferior por ser mulher, mas apoiava o ministério dela e pediu que a igreja de Roma cuidasse dela: "Peço que a recebam no Senhor, de maneira digna dos santos, e lhe prestem a ajuda de que venha a necessitar; pois tem sido de grande auxílio para muita gente, inclusive para mim" (Romanos 16.1-2). A mulher é colaboradora do homem no Evangelho. Assim como o homem, ela usa suas ações e suas palavras para a expansão do Reino. A mulher de Deus é confiável e as pessoas podem contar com ela.

A Bíblia mostra também que a mulher não é fraca e incapaz, como muitos pensavam na época, mas forte e ativa a serviço de Deus e das pessoas. Temos, em Atos 9.36-42, a linda história de Dorcas, uma mulher que "se dedicava a praticar boas obras e dar esmolas". Quando ela morreu e a igreja chamou Pedro até a cidade, várias "viúvas o rodearam, chorando e mostrando-lhe os vestidos e outras roupas que Dorcas tinha feito quando ainda estava com elas". Então Pedro orou e ela ressuscitou. Esse caso e a ressurreição da filha de Jairo mostram que a vida das mulheres é muito preciosa para Deus.

Mulheres usaram sua sensibilidade para perceber a necessidade de outras pessoas. Foi o caso de Priscila que, junto com seu marido Áquila, viram um pregador que sabia pouco sobre a fé cristã e "convidaram-no para ir à sua casa e lhe explicaram com mais exatidão o caminho de Deus" (Atos 18.26). O nome de Priscila é citado e ainda é colocado antes do de seu marido, o que era incomum naquela cultura patriarcal.

Por fim, quero dizer que o lar de toda mulher cristã deve ser uma igreja, um lugar aberto para que o povo de Deus se reúna e para que descrentes possam vir a conhecer ao Senhor. Era assim a casa de Maria, mãe de Marcos: uma casa onde muita gente se reunia para orar (cf. Atos 12.12).

Conseguiu ver o quanto você, mulher, é valiosa aos olhos de Deus e dos homens? Lembre-se de todos os direitos que Cristo lhe deu e sirva a ele com seu jeito feminino de ser.

Promessas para receber:

- "Não há judeu nem grego, escravo nem livre, homem nem mulher; pois todos são um em Cristo Jesus." (Gálatas 3.28)
- "Semelhantemente, ensine as mulheres mais velhas a serem reverentes na sua maneira de viver, a não serem caluniadoras nem escravizadas a muito vinho, mas a serem capazes de ensinar o que é bom. Assim, poderão orientar as mulheres mais jovens a amarem seus maridos e seus filhos, a serem prudentes e puras, a estarem ocupadas em casa, e a serem bondosas e sujeitas a seus próprios maridos, a fim de que a palavra de Deus não seja difamada." (Tito 2.3-5)

Pergunta para refletir:

Em que pontos você tem percebido diferença entre o que a Palavra de Deus ensina e o que o mundo tem afirmado hoje sobre a mulher?

Motivos para orar:

- Agradeça porque Deus a criou mulher e lhe deu um precioso valor aos seus olhos.
- Agradeça porque o Senhor é amoroso e tem uma grande missão para sua vida.
- Peça sabedoria para interagir com os homens, a fim de promover a parceria a serviço do Reino.

Dia 24

Feminilidade bíblica

Uma esposa exemplar;
feliz quem a encontrar! É muito
mais valiosa que os rubis.
PROVÉRBIOS 31.10

Ser uma mulher cristã é entender e viver a identidade feminina revelada na Palavra de Deus. O impacto da mulher segundo a Bíblia é vasto e cheio de preciosidades, pois envolve o grande propósito para o qual o Senhor nos criou. E que propósito é esse? É nossa missão de sermos parceiras dos homens no ministério de alcançar o mundo para Cristo.

Já vimos o grande valor que a mulher tem na Bíblia: ela é discípula de Cristo, testemunha de sua ressurreição, digna de ser tratada com amor e respeito, e incumbida de usar sua voz e ações para o anúncio das boas-novas e expansão do Reino de Deus. Fomos criadas com o mesmo valor que os homens. Isso significa que ser mulher não é ser inferior, e ser homem não é ser superior. Não há disputa de forças, nem competição, nem hostilidade, mas parceria. O verdadeiro equilíbrio não está na rivalidade entre os sexos, mas em reconhecer que Deus criou o homem e a mulher para se complementarem.

Contudo, o fato de termos o mesmo valor que os homens não significa que os dois sexos têm o mesmo papel.

Afinal, se fôssemos iguais em tudo, por que Deus teria nos feito diferentes, tanto em corpo como em mente e emoções? Portanto, além dos papéis que temos em comum com os homens, como nossa missão de anunciar o Evangelho, há papéis que o Senhor designou especificamente para as mulheres, e outros especificamente para os homens, a fim de que ambos se ajudem.

No casamento, o homem é chamado a ser líder, protetor, provedor e sacerdote da família. E a mulher é chamada a ser sua auxiliadora idônea, submissa a ele e zelosa pelo lar. O fato de Deus querer que a mulher seja amada, cuidada e protegida pelo homem não significa que ela é fraca e ele é forte, pois já vimos várias histórias que provam que a mulher bíblica é poderosa, sábia e influente.

No entanto, a identidade bíblica sempre estará na contramão da cultura ao nosso redor, pois a realidade é que temos grandes inimigos que lutam e sempre lutarão para sabotar nossa missão: o diabo, o mundo e o pecado que há em nós. A ideia que nossos adversários tentam nos vender é que homens e mulheres são independentes um do outro, principalmente no caso das mulheres, que por muito tempo foram oprimidas pelos homens e consideradas inferiores em várias culturas (em algumas, até hoje). Por meio do feminismo atual, usa-se o argumento de que as mulheres são capazes de fazer tudo o que os homens fazem e, portanto, não precisam deles. E o mundo ainda nos vende a ideia de que Deus é um tirano por ordenar papéis específicos para cada sexo. De fato, a mulher é capaz de fazer praticamente tudo o que um homem faz, mas isso não significa que não dependa dele. O Senhor não nos atribuiu papéis diferentes porque somos incapazes de desempenhar os papéis do outro, mas porque isso representa Cristo e a Igreja (cf. Efésios 5).

Quando resistimos e rejeitamos os princípios de Deus, sofremos e abrimos espaço para uma crise de identidade. Afinal, sem um fundamento sólido, muitas se perdem em busca de algo que nunca as satisfará. Como o fruto proibido no Éden, a ideia de que "você pode ser o que quiser", sem seguir o padrão de Deus, pode parecer libertadora à primeira vista, mas, na verdade, gera confusão e desordem na mente e no coração das pessoas.

Um exemplo disso é a confusão que acontece quando a mulher, sendo multitarefas, assume seus papéis e os dos homens. Sem ter o que fazer, muitos se sentem inúteis. Além disso, ao assumir as tarefas deles, mostramos que somos impacientes com o tempo e a forma como Deus trabalha. Por isso, é interessante desacelerarmos nosso ritmo e permitir que o homem lidere, governe e cuide de nós. Assim, ao assumirmos o papel que Deus prescreveu para nós, nosso casamento mata o verdadeiro inimigo, que são os ataques espirituais e pecados como orgulho, egoísmo e desistência da união.

Se a mulher age como auxiliadora do homem, não tentando ser sua mãe, mas uma companheira que ande ao seu lado, que seja sábia e edificadora e o ajude a crescer, ela não o sobrecarrega com expectativas irreais nem o anula, mas lhe permite cuidar dela e dos filhos com liderança, proteção e provisão. Aliás,

“O verdadeiro equilíbrio não está na rivalidade entre os sexos, mas em reconhecer que Deus criou o homem e a mulher para se complementarem.”

uma pergunta sincera: você está satisfeita com a esposa que tem sido? Se a resposta for não, atenda ao chamado para se arrepender, sair desse lugar e mudar, buscando ajuda e permitindo que Deus a transforme em uma auxiliadora sábia e forte. Nunca é tarde para mudar seu comportamento. Sendo responsável e zelosa pelo lar e pela família, a mulher também lidera, mostrando cuidado, boa administração e excelência nos detalhes. A casa se torna outra pelo toque de uma mulher.

Por fim, o ponto bíblico mais polêmico é que a mulher deve ser submissa ao marido, mas essa não é uma submissão imposta e servil, mas protetora e amorosa. A mulher precisa se permitir ser amada pelo seu marido sacrificialmente, como Cristo amou a Igreja.

Mulher, esteja na sua posição como designado e confie na sabedoria de Deus. Você não irá se arrepender. Torne-se uma inspiração para as pessoas ao seu redor mostrando seriedade com os princípios do Reino de Deus e transmitindo esse legado a outros.

Promessas para receber:

- "Mulheres, sujeitem-se a seus maridos, como ao Senhor, pois o marido é o cabeça da mulher, como também Cristo é o cabeça da igreja [...] Assim como a igreja está sujeita a Cristo, também as mulheres estejam em tudo sujeitas a seus maridos. Maridos, amem suas mulheres, assim como Cristo amou a igreja e entregou-se a si mesmo por ela [...] Portanto, cada um de vocês também ame a sua mulher como a si mesmo, e a mulher trate o marido com todo o respeito." (Efésios 5.22-33)
- "Ensine as mulheres mais velhas a serem reverentes na sua maneira de viver, a não serem caluniadoras nem escravizadas a muito vinho, mas a serem capazes de ensinar o que é bom. Assim, poderão orientar as mulheres mais jovens a amarem seus maridos e seus filhos, a serem prudentes e puras, a estarem ocupadas em casa, e a serem bondosas e sujeitas a seus próprios maridos, a fim de que a palavra de Deus não seja difamada." (Tito 2.3-5)

Pergunta para refletir:

Como você tem lidado com o conflito entre os valores do mundo e os valores de Deus sobre feminilidade?

Motivos para orar:

- Agradeça porque seus princípios para nós são bons, agradáveis e perfeitos.
- Agradeça pelos homens cristãos que são bênção em sua vida.
- Peça que o Senhor traga unidade entre os sexos para que o nome dele seja conhecido.

Dia 25

Adoração por meio da vestimenta

A força e a dignidade são os seus vestidos, e, quanto ao dia de amanhã, não tem preocupações.
PROVÉRBIOS 31.25

Já reparou que, quando queremos falar de Cristo às pessoas, antes mesmo de abrirmos a boca, elas já nos julgaram por nossas roupas e apresentação pessoal? Nossa aparência é nosso cartão de visitas, tanto como indivíduos quanto como cristãs.

Embora a Bíblia coloque em primeiro lugar a beleza interior ("espírito dócil e tranquilo", 1Pedro 3.3-4), é através da aparência externa que apresentamos essa beleza aos outros. Nosso cabelo, pele, sorriso, maquiagem, acessórios e roupas são as primeiras coisas que eles enxergam sobre nossa essência e propósito como cristãs.

Logo, falando especificamente de vestimentas, se a aparência externa reflete o valor interno, a roupa da mulher precisa ir além de panos, recortes ou cores, deve expressar sua identidade e valores cristãos. Quais são eles? A Palavra de Deus dá alguns exemplos: "Quero que as mulheres se vistam sem usar de muita vaidade, com simplicidade e bom senso" (1Timóteo 2.9, VFL). Tudo isso vem de um coração transformado, que coloca a glória de Deus acima do orgulho ou autodepreciação, e transmite sua santidade e presença.

Muitas mulheres, mesmo sendo cristãs, não sabem escolher roupas para agradar a Deus. Algumas vivem atrás de modismos ou tentando se encaixar em padrões impostos por sua cultura e pela sociedade, vestindo-se com luxo e ostentação, exagerando na valorização de si mesmas ou tentando usar as roupas para se encaixar em algum grupo ou chamar a atenção de alguém em especial, às vezes até fingindo ser alguém que não são. Outras, por temerem a vaidade, por não enxergarem seu valor ou por serem descuidadas, negligenciam o cuidado pessoal e se vestem com menos elegância do que poderiam. Afinal, não há problema em melhorar algo em nós e elevar a nossa autoestima. O segredo é o equilíbrio: é se vestir de forma cuidadosa, intencional e reverente ao Senhor, com uma atitude que reflita a transformação que ele operou e está operando em nós.

"A roupa da mulher precisa ir além de panos, recortes ou cores, mas expressar sua identidade e valores cristãos."

Temos de nos lembrar da identidade que Deus nos deu: temos valor aos seus olhos, somos importantes para ele, fomos criadas à sua imagem e feitas para espalhar o bom perfume de Cristo por onde passamos. Quando encontramos nele a nossa verdadeira identidade, passamos a nos amar e cuidar, podendo genuinamente influenciar nosso próximo.

Nessa hora, devemos nos lembrar de que estamos neste mundo não para agradar a homens nem a nosso próprio eu pecador, mas para que "quer vocês comam, bebam ou façam qualquer outra coisa, façam tudo para a glória de Deus" (1Coríntios 10.31). Para a mulher cristã, a roupa comunica o propósito de refletir o Senhor em todo tempo, isto é, sua forma de se vestir é uma forma de adoração. Uma adoração silenciosa. Ao fazer tudo para glorificar Deus, transformamos até os momentos mais simples e cotidianos em oportunidades para honrá-lo.

Que ao escolher o que vestir, possamos buscar sempre a modéstia, a prudência e a beleza que agradam ao Senhor Jesus.

Promessas para receber:

- "Uma mulher bonita que não se porta decentemente é como uma joia de ouro enfeitando o focinho de um porco." (Provérbios 11.22, NBV-P)
- "Tenham cuidado para que a liberdade de escolha de vocês não se torne motivo de tropeço para os que são fracos." (1Coríntios 8.9)
- "A beleza de vocês não deve estar nos enfeites exteriores, como cabelos trançados e joias de ouro ou roupas finas. Pelo contrário, esteja no ser interior, que não perece, beleza demonstrada num espírito dócil e tranquilo, o que é de grande valor para Deus." (1Pedro 3.3-4)

Pergunta para refletir:

A maneira como você se veste dá visibilidade a Deus ou a você mesma? O que você poderia melhorar nesse sentido?

Motivos para orar:

- Agradeça porque Deus lhe deu grande valor e beleza, e porque você pode expressar isso na forma como se veste.
- Agradeça por suas condições financeiras, mesmo que modestas, de se vestir bem.
- Peça que o Senhor lhe dê estratégias para encontrar uma forma de se vestir que o revele ao mundo.

Dia 26

O casamento bíblico

Portanto, quem ouve estas minhas palavras e as pratica é como o homem prudente que construiu a sua casa sobre a rocha. Caiu a chuva, transbordaram os rios, sopraram os ventos e deram contra aquela casa, mas ela não caiu, porque estava alicerçada na rocha.
MATEUS 7.24-25

Desde o princípio, Deus estabeleceu o casamento como uma aliança sagrada. Não se tratava apenas de prover uma companhia para o homem que estava só, mas de refletir uma realidade maior e incrível: a união entre Deus e seu povo, o casamento entre Cristo e a Igreja (cf. Efésios 5.25). Logo, se nosso relacionamento foi feito para representar essa verdade tão poderosa, devemos imitar todas as suas características. A aliança que o Senhor fez conosco é eterna, é uma parceria de constante comunicação e serve para edificação. Mesmo que o mundo tente distorcer essa ideia, dizendo que podemos sair do casamento usando o divórcio quando desejarmos, não é isso que Deus quer. A Bíblia ensina que casamento é uma aliança para a vida inteira.

Por isso, logo no começo, é fundamental tomarmos uma decisão consciente. A base de um casamento saudável começa na seleção da pessoa com quem você decide caminhar para sempre. É fundamental escolher alguém que compartilhe a mesma fé, princípios e propósito que você, tanto que 2Coríntios 6.14 nos adverte: "Não se ponham em jugo desigual". Uma atitude precipitada pode trazer consequências dolorosas. Precisamos ter convicção da nossa escolha, pois ela terá efeitos durante toda a vida.

Uma das formas de saber se alguém poderá ser um bom parceiro é observar a comunicação entre vocês. Afinal, ela será uma chave no casamento. Muitos relacionamentos terminam não por falta de amor, mas por falta de diálogo e incapacidade de expressar sentimentos. Outros acabam porque o casal não sabe se comunicar de forma saudável. As palavras (ou a ausência delas) podem construir ou destruir um relacionamento. Portanto, zele por uma comunicação clara e respeitosa; ela evita mal-entendidos e conflitos.

Outra habilidade importante que o casal precisa ter desde o começo é perdoar. O casamento exige renúncia, perdão e amor incondicional o tempo todo, assim como Cristo faz conosco (cf. Efésios 4.32). É preciso que o casal esteja atento a isso porque, se não aprenderem a perdoar, terão o mesmo fim de muitos casais que desistem cedo demais, porque não aprenderam a resolver conflitos da maneira correta. Decida perdoar, para não chorar depois por perder quem você poderia ter amado.

Algo essencial antes de chegar ao altar é buscar resolver as dores e frustrações do passado que carregamos conosco. Relacionamentos anteriores podem ter nos ferido tão profundamente que passamos a acreditar que o mesmo acontecerá de novo. No entanto, precisamos compreender que, em Deus, tudo se faz novo. Isso significa que não precisamos viver presas ao que nos machucou, pois o Senhor tem um novo tempo para nós. Uma mulher que já enfrentou a dor da traição ou do abandono precisa de cura, pois, se essa ferida não for tratada, os monstros da insegurança continuarão a acompanhá-la. A desconfiança e o medo podem sufocar um relacionamento e impedir que se experimente um casamento pleno, podendo até levá-la a perdê-lo de forma inconsequente. Assim como Cristo se entregou por nós, o casamento bíblico não se baseia em individualismo e autoproteção excessiva, mas na abertura ao outro e na entrega, e para isso é preciso que haja cura na área da confiança que cada um tem nas pessoas próximas. Se você foi abandonada, passou pela traição ou carrega traumas emocionais, não perca a esperança. Peça a Deus cura, pois ele é poderoso para restaurar sua história e escrever um novo capítulo.

Falando em deixar o passado para trás, outro grande desafio do casamento são as diferenças na criação de cada um na sua família de origem. O homem e a mulher trazem consigo diferentes hábitos, valores e formas de enxergar a vida. Nesses momentos, precisamos nos lembrar de que, desde o primeiro casamento no Éden, Deus nos mandou deixar pai e mãe e nos unirmos a nosso cônjuge (cf. Gênesis 2.24). Precisamos compreender que é necessário haver mudanças, permitindo que Deus nos sustente

“Nosso relacionamento foi feito para representar a verdade poderosa da união entre Deus e seu povo, por isso devemos imitar todas as suas características.”

e nos ensine a zelar pelo maior presente que ele nos deu: a família. Quando nos casamos, encaramos a realidade de que precisamos mudar os comportamentos da vida de solteiro, às vezes marcada por imaturidade, a fim de assumir um compromisso genuíno de amar, cuidar e edificar um ao outro.

Por fim, lembre-se: o casamento só se mantém forte quando Deus é o centro dele. O homem e a mulher devem estar unidos a ele, como "um cordão de três dobras [que] não se rompe com facilidade" (Eclesiastes 4.12). Um casamento baseado em Cristo tem um valor inestimável. Construa, em oração, a família que deseja, fundamentada na Rocha firme. Um lar começa a ser edificado em oração e mudança de comportamento. Quando Jesus está presente e é o centro da união, sempre há esperança.

Promessas para receber:

- “Sujeitem-se uns aos outros no temor de Cristo.” (Efésios 5.21)
- “Sobretudo, amem sinceramente uns aos outros, porque o amor perdoa uma multidão de pecados.” (1Pedro 4.8)
- “O amor é paciente, o amor é bondoso. Não inveja, não se vangloria, não se orgulha. Não maltrata, não procura os próprios interesses, não se ira, não guarda rancor. O amor não se alegra com a injustiça, mas se alegra com a verdade. Tudo sofre, tudo crê, tudo espera, tudo suporta.” (1Coríntios 13.4-7)

Pergunta para refletir:

Cite coisas em seu relacionamento que você precisa mudar em obediência à Palavra de Deus, e ore sobre elas.

Motivos para orar:

- Agradeça porque Deus é bom e nos deixou a sua Palavra para nos orientar no relacionamento amoroso.
- Agradeça porque Jesus é a Rocha que traz segurança e estabilidade ao casamento.
- Peça que ele lhe dê um coração sábio para conviver com a pessoa ao seu lado.

Dia 27

Criando filhos para a glória de Deus

Guarde sempre no coração as palavras que hoje eu lhe dou. Repita-as com frequência a seus filhos. Converse a respeito delas quando estiver caminhando, quando se deitar e quando se levantar.
Deuteronômio 6.6-7

Embora a jornada de toda mãe seja igualmente longa e difícil, mas maravilhosa, a história de cada uma é única, desde o começo.

Muitas mulheres têm a alegria de uma maternidade que ocorre de forma intencional. Outras são surpreendidas por uma gravidez não planejada ou indesejada, e precisam reagir de imediato a essa mudança inesperada em sua vida. Há aquelas que lutam por anos tentando engravidar e não conseguem. E há outras que enfrentam a dor do aborto, quer tenha sido espontâneo ou intencional. Você pode ser uma mãe solteira enfrentando essa jornada sem o apoio que esperava e necessitava, ou pode ter a grande bênção de ter um parceiro presente e atencioso.[1]

Seja qual for seu caso, quero apresentar cinco verdades imutáveis sobre a maternidade que encontramos na Bíblia. A primeira é que filhos são presentes do Senhor, e nunca fardos. A Palavra diz: "Os filhos são herança do Senhor, uma recompensa que ele dá" (Salmos 127.3). Eles nunca deveriam ser considerados um peso, pois fazem parte do plano original de Deus para a família e são preciosos aos olhos dele.

No entanto, embora isso seja verdade, há muitas mulheres que preferem não os ter. Há vários motivos válidos para essa escolha, mas quero falar àquelas que, seguindo a mentalidade do mundo, pensam que a maternidade não é desejável, pois significa uma perda de liberdade e até de identidade, devido às tantas responsabilidades diárias com o cuidado deles. De fato, a questão de preservar a identidade pessoal é um dos maiores desafios da maternidade. Ser mãe exige renúncia, dedicação e um amor que se doa completamente. A entrega por amor aos filhos pode nos fazer esquecer de nós mesmas. Contudo, é importante lembrar

---

1. Quero deixar um breve recado às mães solteiras: se você está com medo da jornada que terá pela frente, saiba que o Senhor não a abandonou; ele é seu esposo, ele será o Pai de seu filho e suprirá tudo o que ele precisa, como diz Salmos 68.5.
Quero também falar às mulheres que passaram por aborto: se seu caso foi espontâneo, saiba que você não tem culpa. No entanto, mesmo que seu caso tenha sido intencional, como uma escolha errada feita no passado da qual hoje se arrepende, saiba que há graça e perdão para você em Cristo; ele não quer que você viva aprisionada pelo que já aconteceu, mas que encontre cura nele.

que ser mãe não anula quem somos; pelo contrário, nos amadurece e aperfeiçoa. Ser mãe é uma das maiores oportunidades de transformação e crescimento para uma mulher. Realmente vale a pena.

A segunda verdade é que todas as mães enfrentam e enfrentarão desafios. Todas criarão filhos em meio a diversas dificuldades. Isso é consequência da Queda, quando Deus afirmou que a mulher teria um sofrimento ligado à maternidade, não só no parto dos filhos (cf. Gênesis 3.16), mas também ao criá-los, pois eles são pecadores como nós, desde o nascimento (cf. Salmos 51.5).

A terceira verdade é que devemos educar nossos filhos, e isso segundo os valores do Senhor. Formar homens e mulheres de Deus é uma tarefa que deve começar em casa. Precisamos ensinar, direcionar e fortalecer nossas crianças, para que não se corrompam em um mundo caído. Não podemos omitir nossa responsabilidade nem terceirizá-la, mas sim nos posicionar com autoridade. Afinal, quando crescerem, elas farão escolhas pautadas em sua criação.

A educação deve começar nos primeiros anos de vida de uma criança, que são de fato cruciais para seu desenvolvimento físico, emocional, cognitivo e espiritual; é a partir dessa fase que a criança forma as bases da sua identidade, caráter e valores. Isso requer dedicação, investimento de tempo e ensino dos princípios cristãos inegociáveis, o que inclui corrigir seus erros.

A Bíblia nos ensina que a disciplina é uma expressão de amor. Não podemos criar filhos soltos, mas tomar posse da responsabilidade de corrigir com sabedoria, guiando-os no caminho certo, com amor e paciência. "Pois o Senhor disciplina a quem ama, assim como o pai faz ao filho de quem deseja o bem" (Provérbios 3.12). Não só isso, mas os filhos precisam de amor, correção e, acima de tudo, de um exemplo. Mais do que palavras, eles aprendem com nossas atitudes, com a forma como vivemos e nos posicionamos.

A quarta verdade é que criar filhos no Senhor é criar um legado. Esse não é apenas nosso dever como mães cristãs, é um investimento eterno. Quando nasce um filho, nasce também um legado: estamos gerando evangelistas, pastores e mestres. Maternidade é missão. É plantar sementes que frutificarão por gerações. Abrir mão de planos pessoais pode ser desafiador, mas a recompensa será vista no

"Mãezinha, o sacrifício que agora você faz não será em vão."

impacto de uma geração apaixonada por Jesus e pelos seus princípios.

E a quinta verdade é que Deus promete ajudar todas as mães que se achegam a ele: "O próprio Senhor irá à sua frente e estará com você; ele nunca o deixará, nunca o abandonará. Não tenha medo! Não se desanime!" (Deuteronômio 31.8). Se você já é mãe, sabe que nunca estamos preparadas para essa missão. A maternidade nos transforma, nos ressignifica, nos quebra em pedaços, nos refaz e nos torna mais sensíveis à voz de Deus.

Um exemplo da ajuda do Senhor é o de muitas mães que enfrentam desafios por não terem crescido em lares cristãos ou por carregarem marcas de famílias disfuncionais. Isso pode gerar insegurança sobre como criar filhos fundamentados nos princípios bíblicos. Mas a Bíblia nos ensina que o Espírito Santo nos instrui em todas as coisas. Aquilo que antes era desconhecido, quando pautado na Palavra e na revelação divina, se torna um caminho leve e prazeroso. Tenha certeza de que o Senhor a ajudará em tudo isso.

Por fim, quero animá-la. Mãezinha, o sacrifício que agora você faz não será em vão. Maternidade exige tempo, esforço e dedicação, mas no futuro você olhará para trás e verá que valeu a pena. Deixe um legado. Crie filhos para a glória de Deus. Que abracemos esse chamado com fé, graça e sabedoria, sabendo que Deus nos capacitará a cada passo do caminho.

Promessas para receber:

- "Quem não corrige os filhos mostra que não os ama; quem ama os filhos se preocupa em discipliná-los." (Provérbios 13.24, NVT)
- "[Deus] dá forças aos cansados e vigor aos fracos. [...] Os que confiam no Senhor renovam suas forças." (Isaías 40.29-31)
- "Aquele que teme o Senhor possui uma fortaleza segura, refúgio para [si mesmo e] os seus filhos." (Provérbios 14.26)

Pergunta para refletir:

Procure na Bíblia outra promessa, conselho ou ordem de Deus para quem cria filhos, e anote aqui. Em seguida, reflita um pouco sobre como isso se aplica ao seu caso.

Motivos para orar:

- Agradeça e louve a Deus pelo presente da maternidade, se você é mãe.
- Agradeça porque, se você não é mãe, o Senhor pode realizar este sonho em sua vida, seja através de filhos biológicos ou espirituais.
- Peça que ele lhe dê sabedoria para deixar um legado de fé para futuras gerações.

Dia 28

Amor no cuidado com o seu lar

A mulher sábia edifica a sua casa, mas com as próprias mãos a insensata derruba a sua.
PROVÉRBIOS 14.1

Casa é o lugar para onde sempre voltamos. É o centro da vida de uma família, a base onde os laços são criados e os ideais são passados de geração em geração. Não é apenas um espaço físico para habitação, mas um ambiente onde memórias são construídas e relacionamentos são fortalecidos. Para os cristãos, o lar é mais importante ainda, pois é nele que formamos corações, ensinamos valores e cultivamos um ambiente que reflete a presença de Deus. O lar precisa ser um ambiente de paz, harmonia, descanso, acolhimento, pertencimento e satisfação, não apenas física, mas também espiritualmente.

Sendo esse um local vital, o Senhor colocou uma pessoa específica da família como cuidadora dele. É a mulher sábia que edifica a sua casa. A Palavra ensina as mulheres a serem "eficientes no cuidado do lar [...] para que não se fale mal da Palavra de Deus" (Tito 2.3-5, A21).

No entanto, as demandas da vida moderna nos afastam dos papéis que ele nos confiou. Apesar da responsabilidade primária da mulher ser zelar pelo seu lar, nem todas gostam de desempenhar esse papel. Há aquelas que amam cuidar da casa, que encontram alegria em torná-la um ambiente de paz e aconchego, mas há outras que, por dores, frustrações ou sobrecarga, se escondem dela. Às vezes, queremos cumprir muitas funções fora de casa, e acabamos nos perdendo quando estamos dentro dela. Sim, a mulher tem o direito e a capacidade de assumir papéis de destaque no mercado de trabalho, mas precisa voltar para seu lar e tomar posse do seu legado como administradora dele.

Quando a mulher não prioriza esse ofício, ela não causa somente danos à sua casa, como também difama a Palavra de Deus, como lemos na passagem anterior. O sucesso de uma família está em cada um cumprir o seu devido papel. No caso da mulher, não se trata de assumir tarefas pesadas ou de se sobrecarregar com exigências impossíveis, mas de administrar a casa com sabedoria. O lar não pode ser um peso, e sim um ministério sagrado. Talvez não possamos estar presentes o tempo todo em casa, mas precisamos garantir que ela não se torne um lugar negligenciado. A Palavra dá um exemplo de como fazer isso: "Antes de clarear o dia, ela se levanta, prepara a comida para todos os da casa e designa tarefas às suas servas" (Provérbios 31.15).

Em cada ambiente de uma casa, eventos importantíssimos acontecem. A Bíblia diz: "Com sabedoria se constrói uma casa; com discernimento ela se consolida. Pelo conhecimento os seus cômodos se enchem do que é precioso e agradável" (Provérbios 24.3-4). Veja o simples exemplo do espaço onde as refeições são servidas. A rotina acelerada faz com que, em muitos lares, sobre pouco tempo para se conectar; mesmo quando todos estão em casa, cada um almoça em um horário diferente, sozinho, separado dos demais, ou cada um fica no celular, e não há conversas significativas, ninguém sabe o que o outro está vivendo, não há tempo para trocar ideias e conselhos sobre a vida. Porém, a mesa deve ser um lugar inegociável. Ela não serve apenas para nos alimentarmos, mas para nos relacionarmos. Em Atos 2.46, vemos a prática de as pessoas se reunirem ao redor da mesa durante as refeições, mostrando o quanto isso é poderoso. Jesus se assentava à mesa com os discípulos e dali eles saíam transformados. Lições valiosas foram ensinadas por nosso Senhor durante refeições, como na casa de Zaqueu, na casa onde ele foi ungido pela mulher pecadora, e na última Páscoa, em que ele instituiu a Santa Ceia e lavou os pés dos discípulos. Se possível, faça o que for preciso para que todos comam juntos em seu lar. A comunhão torna a casa agradável.

Uma casa agradável não se resume à estética, mas ao que se sente ao entrar nela. Os detalhes que sustentam uma casa são preciosos e muitas vezes invisíveis, mas têm um impacto profundo na vida de todos que ali habitam. O cheiro, a ordem, a harmonia e, acima de tudo, a atmosfera emocional que cultivamos fazem toda a diferença. Precisa haver aconchego e segurança, para que seja um lugar onde se deseje permanecer. Pequenos detalhes transformam o ambiente: palavras gentis, organização,

“O nosso lar
é a primeira
terra
fértil onde
plantamos
sementes que
frutificarão
para a
eternidade.”

um aroma agradável e, principalmente, a presença de Deus em cada canto. A oração da mulher pelo seu lar perfuma toda a sua casa.

Que abracemos essa missão com amor, pois o nosso lar é a primeira terra fértil onde plantamos sementes que frutificarão para a eternidade.

Promessas para receber:

- "Melhor é viver no deserto do que com uma mulher briguenta e amargurada." (Provérbios 21.19)
- "Assim será abençoado o homem que teme ao Senhor! [...] Você comerá do fruto do seu trabalho, e será feliz e próspero. Sua mulher será como videira frutífera em sua casa; seus filhos serão como brotos de oliveira ao redor da sua mesa." (Salmos 128.4, 2-3)
- "Eu e a minha família serviremos ao Senhor." (Josué 24.15)

Pergunta para refletir:

O que você pode fazer para tornar seu lar ainda mais acolhedor?

Motivos para orar:

- Agradeça pela família que o Senhor lhe deu e pela casa onde você mora.
- Agradeça porque Deus pode e deseja tornar seu lar um lugar melhor.
- Peça que sua casa seja um lugar acolhedor para todos os que vivem nela e para os que a visitam.

Dia 29

Não alimente o que adoece você

Portanto, se o Filho os libertar, vocês de fato serão livres.
JOÃO 8.36

É contraditório pedir para Deus nos curar enquanto insistimos naquilo que nos adoece. Muitas vezes, buscamos libertação, mas continuamos presos a padrões, relacionamentos e hábitos que nos ferem, porque não queremos abrir mão deles.

Cristo tem poder para restaurar qualquer área da nossa vida, mas ele também nos chama à obediência e à renúncia ao mal. Não adianta clamarmos por transformação se nos apegamos ao que nos destrói. A cura exige coragem para deixar para trás aquilo que não vem do Senhor e confiar que o que ele tem para nós é muito maior.

Há momentos na vida em que é necessário posicionamento para abandonar coisas, pessoas e lugares que estão sendo impedimento para você fluir e crescer espiritualmente.

Não tenha medo de parecer estar perdendo coisas na sua vida, porque, na verdade, algumas pessoas, comportamentos e lugares apenas alimentam o pior que existe em você. Agarrar-se a quem lhe faz mal por medo de ficar sozinha pode não estar deixando você experimentar o que Deus tem para você.

Livre-se daquilo que a adoece. Algumas atitudes, hábitos e relacionamentos do seu passado não podem acompanhá-la em sua nova jornada com Cristo. Seguir Jesus significa transformação, e as marcas de um verdadeiro discípulo estão na mudança de vida: você não pode ser a mesma pessoa de antes. É preciso recomeçar no Senhor.

Existem três regras que precisamos cumprir para viver esse recomeço:

Em primeiro lugar, você precisa romper com o passado. Lemos em Filipenses 3.13-14: "Esquecendo-me das coisas que ficaram para trás e avançando para as que estão adiante, prossigo para o alvo, a fim de ganhar o prêmio do chamado celestial de Deus em Cristo Jesus". O que precisa ficar para trás para que você avance? O novo de Deus exige um coração disposto a renunciar o que já não faz parte de quem você é em Cristo.

Em segundo lugar, você não pode voltar àquilo que a acorrenta. Gálatas 5.1 diz: "Foi para a liberdade que Cristo nos libertou. Portanto, permaneçam firmes e não

"Às vezes, mudar de caminho exige renúncia e fé, mas do outro lado da obediência sempre há paz e leveza."

se deixem submeter novamente a um jugo de escravidão". Viva como alguém realmente livre, sem razões para voltar ao cativeiro que um dia a prendeu. Cristo já quebrou as correntes, então por que retornar ao que escravizava você? O pecado age como uma prisão invisível: ele promete prazer, mas entrega peso e dor.

Em terceiro e último lugar, você precisa se afastar das más companhias. A Palavra diz em 1Coríntios 15.33: "Não se deixem enganar: 'As más companhias corrompem os bons costumes'". Quem você precisa colocar no seu devido lugar em sua vida? Nem todos que caminharam com você até aqui devem continuar. Deus quer alinhar seus relacionamentos e prioridades. E você sabe discernir quem não cabe na sua mesa por falta de princípios e valores. Nem todos merecem acesso à sua vida, porque aqueles que a cercam influenciam quem você se torna. Tome cuidado com quem ouve, com quem caminha e a quem fala sobre sua vida. Nem toda companhia edifica, nem toda voz merece sua atenção. A verdadeira sabedoria está em cercar-se de pessoas que aproximam você de Deus, não daquilo que adoece.

Seja forte e corajosa para não temer as novas direções de Deus. Às vezes, mudar de caminho exige renúncia e fé, mas do outro lado da obediência sempre há paz e leveza, diferentemente das consequências dolorosas que a falta de posicionamento pode gerar. Que nada e ninguém tome o lugar que pertence ao Senhor.

Promessas para receber:

- "Quem anda com os sábios será sábio, mas o companheiro dos tolos sofrerá dano." (Provérbios 13.20)
- "Vocês não sabem que a amizade com o mundo é inimizade com Deus? Quem quer ser amigo do mundo faz-se inimigo de Deus." (Tiago 4.4)
- "Se a sua mão direita o induz a pecar, corte-a e lance-a fora. Pois é melhor perder uma parte do seu corpo do que todo ele ir para o inferno." (Mateus 5.30)

Pergunta para refletir:

De que pessoas e hábitos você precisa se afastar para seguir a Cristo?

Motivos para orar:

- Agradeça porque o Senhor tirou você do mundo das trevas e a trouxe para sua luz.
- Agradeça porque ele lhe dá poder para romper com a velha vida no pecado.
- Peça que Deus lhe dê relacionamentos cristãos verdadeiros nessa nova vida, pessoas que a aproximem dele.

Dia 30

Transformada pelo perdão

E quando estiverem orando, se tiverem alguma coisa contra alguém, perdoem-no, para que também o Pai celestial lhes perdoe os seus pecados.
MARCOS 11:25

O perdão é um dos princípios mais poderosos de toda a Bíblia. Ele reflete o coração de Deus no resgate da humanidade. A Palavra aponta para a obra redentora de Cristo, que morreu para nos perdoar e nos ensinar sobre essa atitude.

Contudo, por que o perdão é um ato tão difícil?

Quando falamos sobre abandonar o passado e perdoar quem nos feriu, sempre parece haver uma barreira, um sentimento que nos impede de tomar essa decisão, não é verdade?

O perdão precisa ser uma ação sem esperar uma reação de quem nos ofendeu. Muitas vezes, esperamos o outro reconhecer os seus erros antes de o perdoarmos. Mas o perdão não é sobre o outro, é sobre um coração desprendido de orgulho e vaidade. Não se trata de perdoar apenas por querer bem a quem nos feriu, mas do poder libertador dessa ação, que nos permite alcançar paz. Guardar mágoa e rancor endurece o coração e impede o nosso crescimento espiritual. A falta de perdão cansa, e nos causa dores e feridas emocionais.

Perdoar é uma reação própria de quem provou da graça perdoadora de Deus em Cristo. Fomos perdoadas, por isso aprendemos a perdoar. É como lemos na Bíblia: "Sejam bondosos e compassivos uns para com os outros, perdoando-se mutuamente, como Deus os perdoou em Cristo" (Efésios 4.32). Se houve graça suficiente para Deus nos perdoar, por que não poderia haver graça para perdoarmos os outros?

Por causa do orgulho.

Ele é o maior impedimento para o perdão. O orgulho é um dos principais obstáculos para a libertação de quem nos feriu e de nós mesmas, pois o rancor nos destrói primeiro, antes de afetar o outro.

Se pensarmos bem, veremos que todas nós temos um passado, e cada uma carrega uma história, mas como escolhemos contá-la faz toda a diferença. Sendo assim, como liberar alguém que tanto nos feriu? Com a mesma graça com que Jesus perdoou quem o crucificou, mesmo sendo ele o Salvador. Ele disse: "Pai, perdoa-lhes, pois não sabem o que estão fazendo" (Lucas 23.34).

O perdão não depende da mudança do outro, mas é um ato de obediência e reverência a Deus, confiando que ele não perdeu o controle. Talvez você precise aprender a perdoar o mesmo erro repetidas vezes. A Bíblia nos ensina a perdoar setenta vezes sete (cf. Mateus 18.21-22).

Escolha o perdão, escolha a liberdade. Não é fácil, mas é necessário. Você precisa ser livre desse sentimento que a adoece. Somente quando for livre desse fardo, perceberá que foi importante obedecer à Palavra de Deus.

Perdoar é enterrar o passado, não trazer à tona os erros para punir ou crucificar eternamente quem errou. Decida lançar por terra essa dor e experimentar a graça perdoadora de Cristo fluir através de você.

Medite sobre o seu passado, acesse os lugares de paralisia e veja se precisa superar o que algumas pessoas fizeram com você. O primeiro passo é difícil, mas garanto que valerá a pena.

"Perdoar é uma reação própria de quem provou da graça perdoadora de Deus em Cristo. Fomos perdoadas, por isso aprendemos a perdoar."

Promessas para receber:

- “Não paguem mal com mal, nem insulto com insulto; ao contrário, bendigam, pois vocês sabem que para isso foram chamados e, assim, receberão benção por herança.” (1Pedro 3.9)
- “Não julguem, e não serão julgados. Não condenem, e não serão condenados. Perdoem, e serão perdoados.” (Lucas 6.37)
- “Perdoa as nossas ofensas, como também temos perdoado aqueles que nos ofendem.” (Mateus 6.12)

Pergunta para refletir:

Cite coisas que outros lhe fizeram e você precisa perdoar.

Cite coisas que você mesma fez e precisa se perdoar.

Motivos para orar:

- Agradeça porque nosso Pai enviou Jesus para morrer e obter seu perdão para nós.
- Agradeça porque já recebeu perdão de outras pessoas, e o relacionamento de vocês foi restaurado.
- Peça o poder de Deus para perdoar todo mal que lhe fizeram, ou que você fez e não consegue se perdoar.

Dia 31

Gratidão pelas portas fechadas

O que ele abre ninguém pode fechar,
e o que ele fecha ninguém pode abrir.
APOCALIPSE 3.7

Já parou para pensar que sempre agradecemos e nos alegramos pelas portas que o Senhor abre, mas raramente reconhecemos a importância das que ele fecha?

Isso acontece porque não sabemos interpretar corretamente os nãos que Deus diz. Achamos que são perdas e frustrações, ou até que eles indicam que há algo de errado em nós, que o Senhor se esqueceu de nós ou que está nos punindo.

Assim, desconfiadas da direção de nosso Pai, contrariamos sua vontade e tentamos abrir portas à força, tomando decisões precipitadas com base na emoção, na ansiedade e no desejo imediato. Quantas vezes fazemos isso? E quantas vezes experimentamos a dor do erro de não esperar o tempo de Deus? É muito melhor entregar nossos dias, escolhas e sonhos ao Senhor do que tentarmos ser nosso próprio deus. Não tente ir pelo caminho que Deus não quer, porque ele não irá abençoar.

Em lugar disso, mude a forma como você interpreta as portas fechadas por seu bom Pai. Pense nessas perguntas: Quem criou os céus e a terra? Quem sustenta o mundo e tudo o que nele existe? Você realmente acha que ele não sabe o que é melhor para você? Antes mesmo de nossos dias existirem, Deus já os tinha preparado. Veja como ele é sábio:

> Porque os meus pensamentos não são os vossos pensamentos, nem os vossos caminhos os meus caminhos, diz o Senhor. Pois, assim como os céus são mais altos do que a terra, assim são os meus caminhos mais altos do que os vossos caminhos, e os meus pensamentos mais altos do que os vossos pensamentos. (Isaías 55.8-9)

Sim, Deus é sábio, ele sabe o que está fazendo na nossa vida e, acima de tudo, quer nos ensinar a confiar nele, mesmo quando tudo parece estar dando errado. Fazemos bem em descansar em sua estratégia. Fazemos bem em ser gratas quando o caminho está bloqueado. Há coisas que só ele enxerga, nós não.

Se ele quer nos fazer confiar nele, como devemos interpretar as portas fechadas? Às vezes, pode ser um livramento. Muitas vezes, aquilo que enxergamos como perda ou frustração pode ser Deus nos poupando de sofrimento. Alguns caminhos pareciam bons aos nossos olhos, mas Deus, em sua sabedoria, viu o que estava adiante e interrompeu o percurso para nos proteger. O que hoje parece um não pode ser a mão dele nos guardando de um futuro que não nos faria bem.

Outro significado para uma porta fechada pode ser que há algo maior reservado para nós. Ou ele pode afastar algo porque, apesar de alguma coisa ser sua vontade para nós, ainda não era a hora certa.

Sendo assim, se Deus fechou uma porta, é porque ele mesmo abrirá outra se for da sua vontade, no seu tempo e no lugar certo. Quando for o momento de Deus para novas realidades, a porta que ele abrir ninguém fechará.

Portanto, não lamente, mas agradeça pela porta que se fechou. E confie que há outra porta que Deus ainda vai abrir.

"Muitas vezes, aquilo que enxergamos como perda ou frustração pode ser Deus nos poupando de sofrimento."

Promessas para receber:

- "O anjo do Senhor pôs-se no caminho [de Balaão] para impedi-lo de prosseguir [...] Balaão disse ao anjo do Senhor: 'Pequei. Não percebi que estavas parado no caminho para me impedires de prosseguir. Agora, se o que estou fazendo te desagrada, eu voltarei." (Números 22.22, 34)
- Certa vez, Paulo queria pregar na região da Ásia, mas o Espírito Santo o impediu. Durante a noite, ele teve uma visão que o orientava a pregar em outro lugar, na Macedônia, então entendeu que era para lá que o Senhor o enviara (cf. Atos 16.7-10).
- Paulo contou que teve grandes visões de Deus, mas "Para impedir que eu me exaltasse [...], foi-me dado um espinho na carne, [...] para me atormentar. Três vezes roguei ao Senhor que o tirasse de mim. Mas ele me disse: 'Minha graça é suficiente para você, pois o meu poder se aperfeiçoa na fraqueza'." (2Coríntios 12.7-10)

Pergunta para refletir:

Há alguma porta fechada em sua vida que a incomoda? Com base nos exemplos trazidos neste devocional, o que Deus pode estar tentando lhe dizer com isso?

Motivos para orar:

- Agradeça porque nosso Pai é sábio e quer nosso bem.
- Agradeça por todas as portas que Deus tem fechado em sua vida, crendo que há um motivo por trás disso que você não vê, mas ele sim.
- Peça ao Senhor por mais fé e descanso nele, porque ele é digno da nossa confiança.

Dia 32

A voz do que clama no deserto

Voz do que clama no deserto: "Preparai o caminho do Senhor; endireitai no ermo vereda a nosso Deus".
ISAÍAS 40.3, ARA

Essa foi uma profecia feita por Isaías, muitos anos antes de Cristo nascer. Ela se referia a João Batista, que seria o último profeta a anunciar a vinda do Filho de Deus e preparar as pessoas para esse grande dia (cf. João 1.23).

João foi um exemplo de fidelidade ao chamado que recebeu. No deserto da Judeia, ele exortava, ensinava e preparava o caminho para a vinda de Cristo, dizendo a todos: "Arrependam-se, pois o Reino dos Céus está próximo" (Mateus 3.2). Ele sabia que o foco de sua vida não era ele mesmo, mas o Senhor Jesus: "Eu os batizo com água para arrependimento. Mas depois de mim vem alguém mais poderoso do que eu, tanto que não sou digno nem de levar as suas sandálias. Ele os batizará com o Espírito Santo e com fogo" (Mateus 3.11). A humildade de João o levava a dizer: "É necessário que ele cresça e que eu diminua" (João 3.30).

Agora essa missão está em nossas mãos. Cristo virá outra vez. É preciso preparar as pessoas para o último dia, quando ele virá julgar o mundo. Contudo, será que nós mesmas estamos preparadas para esse dia?

Como cristãs, antes de sermos uma voz que anuncia as Boas-Novas, precisamos nos arrepender de comportamentos e pecados que nos afastam de Deus. Isso exige humildade e disposição para seguir a verdade, mesmo quando ela nos confronta e desafia. Uma voz que não vive a verdade que proclama perde sua coerência e sua autoridade espiritual. Nosso testemunho, nossas palavras e nossas atitudes devem abrir espaço para a manifestação do Reino de Deus; tudo em nossa vida precisa ser um caminho aplainado, a fim de que ele reine em nós e através de nós.

Cristo veio para nos resgatar de nós mesmas e foi levado ao madeiro para nos salvar dos nossos pecados, oferecendo-nos a vida eterna. Ele foi ao Pai, mas prometeu que voltará para buscar a sua Igreja. E como será que ele nos encontrará? Será que ele nos verá como mulheres que preparam o caminho para ele, ou como mulheres influenciadas pelo mundo? Nosso conforto vem do fato de que o Espírito Santo habita em nós. Ele pode e irá nos transformar, por meio do arrependimento, em vozes santas a seu serviço. A Palavra afirma que basta "confessarmos os nossos pecados, [pois] ele é fiel e justo para perdoar os nossos pecados e nos purificar de toda injustiça" (1João 1.9).

Uma vez purificadas e buscando a santidade, podemos contar com o poder do Senhor para proclamar o Evangelho. Não podemos nos contentar apenas com a nossa salvação. Fomos chamadas para cumprir a missão de ser um canal de resgate para os cativos e oprimidos, levando a mensagem da Cruz a quem ainda não conhece a verdade. Anunciar o Evangelho não é opcional, e sim uma ordenança para nós. E Jesus já nos entregou a ferramenta mais potente que existe para evangelizar e impactar vidas neste tempo: seu próprio Espírito. Assim como Jesus afirmou, também podemos dizer: "O espírito do Senhor está sobre mim, porque ele me ungiu para pregar boas-novas aos pobres. Ele me enviou para proclamar liberdade aos presos e recuperação da vista aos cegos, para libertar os oprimidos e proclamar o ano da graça do Senhor" (Lucas 4.18-19).

Mas há um porém: talvez o medo esteja impedindo você de pregar. Nessa hora, lembre-se de uma verdade poderosa: se ele é por nós, quem será contra nós? (cf. Romanos 8.31). Nada pode nos impedir de ser uma voz que prepara o caminho de Deus, pois ele está conosco.

Há outra promessa que pode fortalecê-la: se nos enchermos dia após dia da Palavra de Deus, estando preparadas para responder a quem nos perguntar a razão da esperança que há em nós (cf. 1Pedro 3.15), na hora em que for necessário, saberemos o que dizer. Aqui está a promessa, feita pelo próprio Jesus: "Não se preocupem quanto ao que dizer, ou como dizer. Naquela hora lhes será dado o que dizer, pois não serão vocês que estarão falando, mas o Espírito do Pai de vocês falará por intermédio de vocês" (Mateus 10.19-20). Assim como João Batista pregou até sua morte, a voz que clama não teme ao dizer a verdade, não tem medo de exortar e dizer: "Arrependam-se, Jesus voltará!".

Outra coisa que pode nos afastar de nosso chamado é ficarmos atarefadas com

“Que você
seja uma voz
que ressoe a
verdade do
Evangelho
no deserto
desse mundo,
preparando
corações para
a volta de
Cristo.”

outras coisas. Nessa hora, a Bíblia nos avisa: "[Seja um] bom soldado de Cristo Jesus. Nenhum soldado se deixa envolver [e distrair] pelos negócios da vida civil, já que deseja agradar aquele que o alistou" (2Timóteo 2.4).

Meu último conselho é que você não espere o cenário perfeito para evangelizar, como, por exemplo, trazer uma pessoa para a igreja em um dia de culto especial. O chamado de Deus para nós não se limita a um altar físico, à igreja, mas se manifesta no dia a dia, nas conversas, nas atitudes e no testemunho de vida. Pregar o Evangelho vai além do púlpito e do microfone, porque onde há uma voz, há alguém para ouvir. Não precisamos de oportunidade, nós somos uma carta viva de Cristo ao mundo, uma carta que todos leem (cf. 2Coríntios 3.2-3).

Que o Senhor derrame sobre nós temor e ousadia para fazermos a sua obra sem hesitar! Que você seja uma voz que ressoe a verdade do Evangelho no deserto desse mundo, preparando corações para a volta de Cristo.

Promessas para receber:

- “Como você pode dizer ao seu irmão: ‘Deixe-me tirar o cisco do seu olho’, quando há uma viga no seu? Hipócrita, tire primeiro a viga do seu olho, e então você verá claramente para tirar o cisco do olho do seu irmão.” (Mateus 7.4-5)
- “O Senhor nos ordenou: ‘Eu fiz de você luz para os gentios, para que você leve a salvação até aos confins da terra’.” (Atos 13.47)
- “Não fiquem amedrontados. Antes, santifiquem Cristo como Senhor no coração. Estejam sempre preparados para responder a qualquer que lhes pedir a razão da esperança que há em vocês. Contudo, façam isso com mansidão e respeito, conservando boa consciência, de forma que os que falam maldosamente contra o bom procedimento de vocês, porque estão em Cristo, fiquem envergonhados de suas calúnias.” (1Pedro 3.14-16)

Pergunta para refletir:

Há algo que a tem impedido de pregar o Evangelho de Jesus? Coloque isso diante dele em oração.

Motivos para orar:

- Agradeça porque temos o privilégio de anunciar Cristo aos que não o conhecem.
- Agradeça nosso Pai nos capacitou com o Espírito Santo a cumprir essa missão e saber o que dizer na hora certa.
- Peça que ele tire de seu coração todo pecado, medo e distração que a impedem de cumprir sua missão, e lhe dê ousadia para testemunhar.

Dia 33

Aceite a correção com humildade

O insensato faz pouco caso da disciplina [...], mas quem acolhe a repreensão revela prudência.
PROVÉRBIOS 15.5

Ao longo de sua jornada cristã, quem nasceu de novo aprende a reconhecer pessoas em posição de autoridade dada por Deus. Não se trata apenas de pastores, líderes e crentes antigos, mas de qualquer cristão experiente e maduro na fé. A sabedoria transmitida por eles é um presente precioso, capaz de moldar nosso caráter e nos aproximar de quem Deus deseja que sejamos.

A Bíblia ensina que "na multidão de conselheiros há segurança" (Provérbios 11.14, ARA). Creio que a maioria das pessoas gosta de ouvir bons conselhos, vindos da experiência de vida de outros. O problema é quando esses conselhos envolvem disciplina e correção, não é verdade? É fácil ouvir elogios e conselhos, mas é na correção que o verdadeiro caráter é revelado. É nessas horas que nosso pecado do orgulho quer falar mais alto. Frequentemente, quando somos confrontadas, ficamos armadas e na defensiva, apresentando nossas ideias com arrogância e vaidade. Quem nunca agiu assim?

Porém, não foi isso que aprendemos com o Senhor Jesus. Ele disse: "Aprendam de mim, pois sou manso e humilde de coração" (Mateus 11.29). Nosso Senhor nos chama à humildade, porque os humildes herdarão o Reino dos Céus (cf. Mateus 5.3). É a própria Palavra quem nos corrige: "O caminho do insensato parece-lhe certo, mas o sábio ouve o conselho" (Provérbios 12.15). Portanto, seja sábia, seja humilde!

O primeiro passo para se tornar aberta a correções é admitir sua limitação. Isso abre espaço para aprendermos e evoluirmos continuamente. Todas nós temos áreas a melhorar, mas muitas vezes não as enxergamos porque acreditamos que nossa opinião é suficiente. Precisamos admitir que não sabemos de tudo. Precisamos admitir que carecemos dos outros membros do Corpo de Cristo. Não devemos caminhar sozinhas; é necessário estar sob a cobertura espiritual de irmãos e líderes do povo de Deus.

O segundo passo é reconhecer sua resistência à correção. Mesmo a mulher mais humilde tem certa resistência a ser corrigida, porque todas somos pecadoras. Um ponto interessante é que a raiz da insubmissão costuma estar em algum sofrimento do passado. Quando não lidamos com essas feridas relacionadas a sermos corrigidas, erguemos muros de proteção e resistência. Por isso, é essencial vencer as dores, derrubar as barreiras e permitir que nosso coração seja ensinável e aberto ao crescimento verdadeiro.

Em seguida, o terceiro passo é orar pedindo esse coração ensinável. Peça que Deus lhe dê humildade para lidar com instruções que promoverão seu crescimento. Não devemos manter nossos ouvidos abertos apenas para aquilo que nos agrada ouvir. Às vezes, é necessário receber instruções e correções duras, que nos ajudarão a morrer para a velha natureza. O confronto pode doer, mas é necessário para moldar o caráter e alinhar nossas atitudes com a vontade de Deus. Ouvir exortações faz parte do processo de amadurecimento espiritual, e aceitar correção é um dos maiores sinais de crescimento na vida de um cristão.

Em quarto lugar, a mulher cristã deve ouvir a correção com humildade. Evite respostas defensivas. Em vez disso, considere o que foi dito e avalie como aplicar essa correção para seu crescimento pessoal e espiritual. Livre-se do orgulho que faz com que você se sinta ofendida em todas as situações. O verdadeiro crescimento exige assumir responsabilidade por suas atitudes e escolhas.

E então, seja grata pela correção. Reconheça o coração disposto do outro em apontar áreas que você pode melhorar. A gratidão por essas correções é o que transforma críticas em ferramentas valiosas para o seu aperfeiçoamento.

Em resumo, lembre-se: existem pessoas cheias do Espírito Santo que conseguem enxergar aquilo que, na frustração, os nossos olhos não conseguem ver. É por isso que devemos aproveitar ao máximo aquilo que ouvimos delas e obedecer com fé quando somos corrigidas. Quanto mais ouvimos as pessoas sábias, mais nosso coração se tornará ensinável e nossa vida, frutífera.

Promessas para receber:

- "O insensato faz pouco caso da disciplina de seu pai, mas quem acolhe a repreensão revela prudência." (Provérbios 15.5)
- "Não repreenda o zombador, caso contrário ele o odiará; repreenda o sábio, e ele o amará. Instrua o homem sábio, e ele será ainda mais sábio; ensine o homem justo, e ele aumentará o seu saber." (Provérbios 9.8-9)
- "Nenhuma disciplina parece motivo de alegria no momento em que é recebida, mas sim motivo de tristeza. Mais tarde, no entanto, produz fruto de justiça e paz para aqueles que por ela foram exercitados." (Hebreus 12.11-12)

Pergunta para refletir:

Lembre-se da última vez em que foi corrigida. Qual foi o motivo e como você reagiu?

Motivos para orar:

- Agradeça porque Deus utiliza pessoas para nos corrigir para nosso próprio bem.
- Agradeça porque ele está produzindo em você um coração submisso e porque não desiste de você, mas a corrige como um pai faz com seus filhos.
- Peça ajuda para não se sentir ofendida quando for corrigida, mas humilde e fortalecida para melhorar o que for necessário.

Dia 34

Não subestime seu chamado

Todas essas coisas, porém, são realizadas pelo mesmo e único Espírito, e ele as distribui individualmente, a cada um, conforme quer.
1CORÍNTIOS 12.11

Muitas mulheres enfrentam dúvidas e questionamentos sobre seu papel no ministério. Há quem seja resistente à ideia de que podemos pregar, liderar ou exercer influência espiritual, mas o chamado da mulher vai muito além do púlpito: ele se manifesta na igreja, no lar, no trabalho e onde Deus nos colocar.

Homens e mulheres foram chamados e preparados por Deus para desempenhar diferentes funções dentro do seu Reino, mas todos são um em Cristo. É como lemos na Palavra: "Todos vocês são filhos de Deus mediante a fé em Cristo Jesus [...] Não há judeu nem grego, escravo nem livre, homem nem mulher, pois todos são um em Cristo Jesus" (Gálatas 3.26-28).

A sabedoria e a capacitação do Espírito Santo sobre a vida da mulher são inegáveis, mas muitas vezes nos sentimos confusas sobre onde e como devemos atuar. Deus nos chama para servir, mas onde? No lar, na igreja, no trabalho, no ministério?

A Bíblia ensina que existem diferentes formas de serviço, e cada uma de nós tem dons e talentos específicos que precisam ser descobertos, desenvolvidos e usados para a glória de Deus. Contudo, precisamos entender nossas prioridades. Nosso primeiro ministério começa dentro de casa. A Bíblia diz que a mulher virtuosa: "Cuida dos negócios de sua casa e não dá lugar à preguiça. Seus filhos se levantam e a elogiam; seu marido também a elogia" (Provérbios 31.27-29). Quando a mulher é fiel ao seu papel dentro do lar, ela estará ainda mais fortalecida para exercer qualquer outro chamado com excelência.

Deus nos deu talentos e dons para servi-lo. Os talentos são nossas aptidões naturais ou aprendidas, como nosso conhecimento e habilidades profissionais. Já os dons são presentes espirituais concedidos pelo Espírito Santo; há uma lista abrangente deles em 1Coríntios 12.8-10:

> Pelo Espírito, a um é dada a palavra de sabedoria; a outro, a palavra de conhecimento, pelo mesmo Espírito; a outro, fé, pelo mesmo Espírito; a outro, dons de cura, pelo único Espírito; a outro, poder para operar milagres; a outro, profecia; a outro, discernimento de espíritos; a outro, variedade de línguas; e ainda a outro, interpretação de línguas.

Talvez sua maior dificuldade seja não conseguir identificar o seu chamado. A confusão vem porque queremos certeza antes de dar passos de fé e sair do comodismo. O fato é que o chamado de Deus se revela no caminho. Busque o Senhor, viva a sua santidade, peça sabedoria a ele e perceba os dons e paixões que colocou em você. Aquilo para o que seu coração se inclina pode ser o seu maior chamado. Se existe algo que move sua alma, que a faz se sentir viva e realizada enquanto serve ao próximo e glorifica a Deus, talvez isso seja mais do que apenas um gosto pessoal — pode ser um chamado divino.

A essa altura é importante dizer que não é necessário um dom ou talento visível, como pregar, cantar, tocar instrumentos musicais durante os cultos ou ser um médico com chamado missionário para saber que seu chamado é real. O chamado de Deus não se mede por visibilidade, mas pela disponibilidade. Seja nos palcos ou nos bastidores, seja na sua casa ou em estádios, seja na liderança ou no serviço silencioso da oração, seu coração deve ser o mesmo: disposto, humilde, submisso, cheio de amor a Deus e ao próximo.

No Reino de Deus, não é sábio permitir que vozes externas ditem seu chamado, nem comparar seus dons e talentos com os dons dos outros, e sim obedecer à voz divina, que é quem determina o seu futuro e seus frutos.

Seja qual for o seu chamado, não subestime a unção e a capacitação de Deus sobre sua vida. Não se esconda atrás do medo, mas lute contra as vozes de incapacidade. Deus irá nos revelar nosso propósito mediante revelações claras pelo estudo de sua Palavra e não por comparações. Lembre-se de que Moisés se sentiu incapaz para seu chamado (cf. Êxodo 4.10), Jeremias disse que era jovem demais (cf. Jeremias 1.6) e Gideão não se achava

“Quando a mulher é fiel ao seu papel dentro do lar, ela estará ainda mais fortalecida para exercer qualquer outro chamado com excelência.”

corajoso o bastante (cf. Juízes 6.14-16), mas Deus os usou mesmo assim. E você, até quando vai fugir do que Deus designou para a sua vida? Até quando vai ignorar a voz que chama pelo seu nome? Não vai adiantar, ele não desistirá de você.

Portanto, levante-se, fortaleça-se no Senhor e viva a plenitude do propósito para o qual você foi criada!

Promessas para receber:

- "Não fui eu que lhe ordenei? Seja forte e corajoso! Não se apavore, nem se desanime, pois o Senhor, o seu Deus, estará com você por onde você andar." (Josué 1.9)
- "Ora, assim como o corpo é uma unidade, embora tenha muitos membros, e todos os membros, mesmo sendo muitos, formam um só corpo, assim também com respeito a Cristo. O corpo não é composto de um só membro, mas de muitos [...] Se o ouvido disser: 'Porque não sou olho, não pertenço ao corpo', nem por isso deixa de fazer parte do corpo. Se todo o corpo fosse olho, onde estaria a audição? Se todo o corpo fosse ouvido, onde estaria o olfato? De fato, Deus dispôs cada um dos membros no corpo, segundo a sua vontade. Se todos fossem um só membro, onde estaria o corpo? Assim, há muitos membros, mas um só corpo." (1Coríntios 12.12-20)

Pergunta para refletir:

O que você ama fazer e pode ser útil para o Reino de Deus?

Motivos para orar:

- Agradeça a Deus pelas coisas que você gosta de fazer e que podem ser talentos e dons que ele lhe deu.
- Agradeça porque essas ferramentas são importantes para todo o Corpo de Cristo, e há um grande propósito para elas.
- Peça que o Senhor a use para abençoar outras pessoas, sejam muitas ou poucas, seja em um palco ou nos bastidores.

Dia 35

A voz ativa da mulher cristã

Não tenha medo, continue falando e não se cale, porque eu estou com você.
ATOS 18.9-10, NTLH

No mundo de hoje, muito se fala sobre a mulher ter voz ativa, isto é, sobre não nos omitirmos, mas nos posicionarmos a favor daquilo em que acreditamos. Afinal, isso é algo que, por muito tempo, foi proibido às mulheres. No entanto, louvado seja Deus pois esse é um direito que ele nos deu, já que é assim que anunciamos Jesus em todas as áreas da vida. Ele deseja que a mulher fale e se expresse diante do que acontece ao seu redor. E mais do que isso, ele ordena que tenhamos voz ativa, como diz o versículo acima.

Contudo, não podemos sair dizendo tudo o que pensamos, pois o pecado também habita dentro de nós. Devemos nos lembrar de que a mulher sábia constrói o mundo em que vive, mas que a tola o destrói com sua própria língua (cf. Provérbios 14.1). Precisamos ter cuidado com as três formas da voz ativa distorcida.

A primeira é a grosseria. Seja na família, no trabalho ou onde quer que haja confronto, é comum medirmos forças com os outros através do tom e volume da nossa voz, passando por cima de tudo e de todos os que nos cercam. Preste atenção: há uma diferença clara entre ter uma voz firme e ter uma voz autoritária ou desrespeitosa. Nessas horas, precisamos orar fervorosamente por mansidão, que faz parte do fruto do Espírito, para que possamos ser exemplos no casamento, na maternidade e em todos os relacionamentos.

A segunda voz ativa distorcida é a tagarelice. Quando falamos demais, sendo impulsivas e dizendo tudo o que vem à cabeça, sem refletir, sem ter discernimento, autocontrole e humildade no uso das palavras, estamos sempre a um passo de pecar (cf. Provérbios 10.19). Não só fazemos fofoca, mas até espalhamos desinformação, sem checar os fatos que estamos passando adiante. Devemos aprender que ter voz ativa não é apenas falar, mas também saber a hora de se calar. É como lemos na Palavra: "Sejam todos prontos para ouvir, tardios para falar e tardios para irar-se" (Tiago 1.19).

A terceira forma de usarmos mal nossa voz é a perversidade, ou seja, falar o mal intencionalmente. Isso acontece quando vivemos reclamando e criticando, propagamos mentiras, falamos mal das pessoas e as ofendemos de propósito, e geramos todo tipo de conflito. Nessas horas, somos como Jezabel, a esposa de Acabe, rei de Israel, conhecida por sua influência negativa. Ela tinha uma voz ativa e sabia como usá-la para manipular seu marido, em vez de ajudá-lo na condução do seu povo. Porém, o fim dela foi trágico.

Com tantos exemplos negativos, qual deve ser a postura da mulher cristã? Qual é a voz ativa que agrada a Deus?

A verdadeira voz ativa é nos posicionarmos de acordo com os princípios bíblicos e sob o domínio do Espírito Santo. É usarmos as palavras de forma alinhada a seus propósitos. É nos expressarmos de maneira assertiva, construtiva e consciente. É abrirmos a boca para trazer clareza, defender valores, resolver conflitos e contribuir positivamente em todas as situações. É não buscarmos controle ou protagonismo, nem ultrapassarmos os limites do respeito ao próximo e da submissão a Deus, mas ensinarmos, aconselharmos e liderarmos de acordo com a direção do Espírito. A chave está em conciliar coragem com sabedoria e empatia no uso da voz. Quando somos corajosas, sábias e amorosas, mostramos que nosso objetivo é edificar e construir, mesmo em momentos de discordância. Resumindo, a mulher cristã não precisa nem pode deixar de se posicionar e falar, mas deve se lembrar de que sua voz tem o poder de influenciar os outros e deve ser usada para glorificar a Deus.

Nessa hora, a Bíblia está repleta de exemplos de mulheres que usaram sua voz ativa com fé, coragem e propósito, sendo agentes de transformação em sua geração.

Mulheres como Débora, que liderou Israel como juíza e profetisa; Ester, que intercedeu pelo povo de Deus com ousadia; e Maria, que aceitou o chamado de ser a mãe do Salvador, mostram que Deus valoriza a voz da mulher e a capacita para grandes feitos. Queremos ser como essas mulheres.

Querida leitora, você sente que, nessa área do uso da sua voz, precisa de uma intervenção divina? Peça ajuda ao Espírito Santo e abra

"A mulher cristã não precisa nem pode deixar de se posicionar e falar, mas deve se lembrar de que sua voz tem o poder de influenciar os outros e deve ser usada para glorificar a Deus."

seu coração para que ele a ajude a vencer suas limitações, transformando suas palavras para que glorifiquem a ele em todas as circunstâncias. Essa é uma oração poderosa e necessária. Ore para que o Senhor revele a você se há algo a ser ajustado na sua comunicação, pergunte se suas palavras refletem graça, paciência e amor em todos os seus relacionamentos.

Que a sua voz seja um instrumento de edificação, que suas palavras transmitam paz e que sua comunicação reflita Cristo. Que sua fala reflita a sabedoria de Deus, sendo testemunho da presença dele em seu viver.

Promessas para receber:

- “A língua tem poder sobre a vida e sobre a morte; os que gostam de usá-la comerão do seu fruto [...] Pois a boca fala do que está cheio o coração.” (Provérbios 18.21; Mateus 12.34)
- “O seu falar seja sempre agradável e temperado com sal, para que saibam como responder a cada um.” (Colossenses 4.6)
- “Erga a voz em favor dos que não podem defender-se, seja o defensor de todos os desamparados. Erga a voz e julgue com justiça; defenda os direitos dos pobres e dos necessitados.” (Provérbios 31.8-9)

Pergunta para refletir:

Que coisas você disse recentemente que mostraram uma voz ativa digna do Senhor?

Motivos para orar:

- Peça perdão ao Senhor pelas vezes em que usou mal sua voz.
- Agradeça porque Deus, em Cristo, já perdoou seus pecados.
- Agradeça porque ele é poderoso para fazer você usar sua voz em seu nome daqui em diante.

Dia 36

O descanso é um presente de Deus

No sétimo dia, Deus já havia concluído o trabalho que realizara; assim, nesse dia, descansou de todo o seu trabalho. Então, Deus abençoou o sétimo dia e o santificou, porque foi nesse dia que ele descansou de todo o trabalho que realizara.
GÊNESIS 2.2-3

Vivemos em um mundo acelerado, onde a correria do dia a dia nos impede de parar e refletir. Mas Deus, desde o início da criação, nos ensina que o descanso não é um luxo, e sim um presente, uma necessidade e até mesmo uma ordem: "Lembre-se do dia de sábado para santificá-lo. Trabalhe seis dias e neles faça todos os seus trabalhos, mas o sétimo dia é um sábado para o Senhor, o seu Deus" (Êxodo 20.8-10).

Quando lemos em Gênesis que o Senhor descansou no sétimo dia após concluir sua obra criativa, esse descanso não foi porque ele estava cansado, já que nunca se cansa (cf. Salmos 121.4), mas porque ele desejava celebrar e aprovar a obra que havia feito. Esse ato de descansar foi uma bênção que Deus estabeleceu para a humanidade, mostrando que o descanso seria parte do nosso ritmo natural. O descanso é um presente divino que permite nos conectarmos com a paz dele e renovar nossas forças para seguir adiante em sua obra. Aliás, o descanso é uma afirmação de que só nele somos renovadas, como disse Jesus: "Venham a mim todos os que estão cansados e sobrecarregados, e eu darei descanso a vocês" (Mateus 11.28-30).

Quando aprendemos a descansar, estamos não apenas dando uma pausa ao corpo após o trabalho, mas também contemplando as bênçãos que Deus nos tem dado. O descanso é um convite para celebrar sua obra. Quando não descansamos, não apenas prejudicamos nossa saúde emocional e física, mas também deixamos de contemplar a obra de Deus em nossas vidas. O descanso é uma oportunidade de parar, olhar ao redor e perceber as bênçãos que temos recebido. Quando descansamos, deixamos de lado as preocupações, o estresse e a ansiedade para simplesmente olhar para tudo o que Deus tem feito, tanto na natureza como em nossa vida, e agradecer.

Já reparou no quanto a correria da vida nos faz perder o senso de gratidão e de reflexão sobre as coisas que Deus já fez por nós? A busca incessante por mais — mais metas, mais lucro, mais conquistas e realizações, mais sucesso e reconhecimento — nos impede de parar e agradecer pelo que já foi feito.

O descanso não deve ser visto como uma opção, mas como uma prioridade. Quando damos ao descanso o valor devido, nos aproximamos do plano perfeito que Deus tem para nós. Precisamos aprender a desacelerar, a descansar, e a dar graças por tudo o que já foi realizado e recebido dele.

Talvez a principal coisa pela qual devemos agradecer é nossa família. Ela está acima do trabalho que fazemos ao longo da semana e, no dia do descanso, podemos demonstrar de forma mais intensa que ela é nossa prioridade. Tire um tempo para quem você ama, permita-se dedicar tempo de qualidade a eles. Garanto que esse será o seu maior ato de amor.

Faça como a Bíblia diz: "Aquietai-vos e sabei que eu sou Deus" (Salmo 46.10, ARA). Permita-se deixar de lado as necessidades do seu dia a dia e diga ao seu corpo que quem o governa é Deus.

"Permita-se deixar de lado as necessidades do seu dia a dia e diga ao seu corpo que quem o governa é Deus."

Promessas para receber:

- "Isso será um sinal perpétuo entre mim e os israelitas, porque, em seis dias, o Senhor fez os céus e a terra, e, no sétimo dia, ele descansou e se revigorou." (Êxodo 31.17)
- "Todos os seus dias estão cheios de pura dor e de tarefas frustrantes; nem mesmo durante a noite o seu coração descansa. Isso também é inútil." (Eclesiastes 2.23)
- "Inútil será para vocês levantar cedo e dormir tarde, trabalhando arduamente por alimento. Pois ele concede o sono a quem ama." (Salmos 127.2)

Pergunta para refletir:

Qual foi a última vez que você se dedicou ao descanso?

Motivos para orar:

- Agradeça porque você pode descansar sabendo que o Senhor é fiel e suficiente para suprir cada uma das suas necessidades.
- Agradeça porque, ao descansar, você pode contemplar os feitos divinos.
- Peça a Deus que a ajude a fazer calar e sossegar a sua alma para que você experimente verdadeiro descanso.

Dia 37

Plantando em terra seca

Plante de manhã a sua semente, e mesmo ao entardecer não deixe as suas mãos ficarem à toa, pois você não sabe o que acontecerá, se esta ou aquela produzirá, ou se as duas serão igualmente boas.
ECLESIASTES 11.6

Você conhece alguém resistente ao Evangelho, alguém em quem você já perdeu a esperança e acha que nunca será salvo? Não desista. Quando menos esperar, Deus pode operar o milagre da salvação na vida dessa pessoa.

Observe como isso funciona: a ilustração da semente para representar a Palavra de Deus é muito comum na Bíblia. Em Mateus 13.1-23, Jesus conta sua famosa parábola do semeador. Nela, o Evangelho é como uma semente lançada no solo de corações secos, que não dão fruto, ou em corações férteis, que produzem uma grande colheita. O mistério é que não sabemos quem é quem, ou seja, quem irá se converter ao Senhor e quem não.

É o que explica a parábola logo em seguida, a do joio e do trigo (v. 24-30). Nela, Jesus afirma que neste mundo é difícil saber quem é crente e quem não é, e que a verdade só será revelada no juízo final; portanto, enquanto isso, devemos pregar o Evangelho a todas as pessoas (cf. Mateus 28.18-20), mesmo às que parecerem mais improváveis e até impossíveis de serem convertidas. Pense no exemplo de Paulo: do nada, Deus pode transformar totalmente a vida da pessoa mais endurecida.

Sim, Deus nos chama a plantar em terra seca. Ele nos chama a plantar e não parar de plantar, pois tudo pode acontecer. O desafio não está no semear uma vez e logo ver a semente germinar, mas na fidelidade de continuar semeando mesmo quando o cenário parece desfavorável e nada brota naquele solo. A Palavra diz que nosso papel é plantar e regar a semente, mas que só o Senhor tem poder para fazê-la brotar (cf. 1Coríntios 3.7). Logo, se o crescimento vem dele, para quem nada é impossível, não importa a condição da terra, que é aquilo com que todos se preocupam; ele é capaz de, no tempo certo, transformar o solo infrutífero em colheita e multiplicar os frutos. A vida com Deus não é baseada na lógica humana. Ele nos ensina a confiar além das circunstâncias, a semear pela fé e a esperar com perseverança.

Esse esperar também é algo muito importante. Cada semente precisa de um tempo diferente para germinar,

“A terra pode parecer seca, mas a Palavra de Deus continua viva.”

e algumas demorarão muitos anos para isso. Espere, pois a verdade é que Deus pode fazer a semente da fé brotar em lugares onde tudo parece morto.

Por isso, mantenha-se esperançosa e com fé. Quando tudo parecia dar errado ao seu redor, o profeta Habacuque disse: "Mesmo que a figueira não floresça nem haja fruto na videira [...] ainda assim eu exultarei no Senhor e me alegrarei no Deus da minha salvação" (Habacuque 3.17-18). Não foque no problema, mas no poder de Deus. A verdadeira fé não depende do que vemos, mas de em quem confiamos. Você tem se alegrado no Senhor, mesmo quando não há colheita visível? A terra pode parecer seca, mas a Palavra de Deus continua viva. Plante com fé, regue com oração e confie: a colheita poderá vir a qualquer momento.

Não tema lançar suas sementes, mesmo que elas sejam acompanhadas de lágrimas. Essas lágrimas serão como chuva que nutre a terra, preparando o solo para a colheita. Deus responde às lágrimas do seu povo (cf. Salmos 126.5-6), enquanto eles lançam a semente do Evangelho. Devemos semear visando à colheita neste mundo de tribulações e dores. Ao final, o Senhor fará que seu povo volte com cantos de alegria, porque ele é o dono da seara. Você alcançará muitas pessoas para Cristo em sua vida.

Por isso, lance a semente do Senhor com ousadia!

Promessas para receber:

- Paulo era um cruel perseguidor da Igreja, mas Jesus teve um encontro com ele e o transformou em um pregador, a ponto de as pessoas louvarem a Deus por sua vida e dizerem: "Aquele que antes nos perseguia, agora está anunciando a fé que outrora procurava destruir." (Gálatas 1.23)
- Paulo foi a Corinto pregar e houve pessoas que mostraram oposição e o amaldiçoaram. Porém, certa noite, o Senhor disse a ele: "Não tenha medo, continue falando e não fique calado [...] porque tenho muita gente nesta cidade". Então, Paulo ficou naquela cidade durante um ano e meio, ensinando-lhes a palavra de Deus (cf. Atos 18.1-11).
- O povo da cidade de Nínive era violento e desumano. Ninguém imaginava (ou talvez nem desejava) que eles se convertessem. Contudo, depois da pregação de Jonas, a cidade inteira se humilhou diante de Deus e 120 mil pessoas foram salvas. (cf. Jonas 1–4)

Pergunta para refletir:

Há pessoas cuja conversão parece impossível a você? Escreva aqui seus nomes e coloque-as diante de Deus em oração.

Motivos para orar:

- Agradeça porque Deus é quem fornece a semente, prepara o solo e dá o crescimento da salvação na vida das pessoas.
- Agradeça porque Deus pode transformar a vida de qualquer pessoa, no tempo dele.
- Peça ao Senhor da seara ousadia para semear seu Evangelho por toda parte.

Dia 38

A paz que excede o entendimento

Não andem ansiosos por coisa alguma, mas em tudo, pela oração e súplica, com ação de graças, apresentem seus pedidos a Deus. E a paz de Deus, que excede todo o entendimento, guardará o coração e a mente de vocês em Cristo Jesus.
FILIPENSES 4.6-7

Vivemos em uma era de caos, onde tudo parccc afctar nosso emocional. As notícias, as crises e as incertezas apontam que o fim dos tempos está realmente próximo. Falta paz nas casas, paz interior, paz nas pequenas coisas. Como viver em ambientes caóticos sem absorver essa atmosfera? Como manter a saúde emocional em meio a cenários de guerra? A resposta está em uma paz que vai além da compreensão humana: a paz que vem de Deus. Cristo diz: "Deixo-lhes a paz; a minha paz lhes dou. Não a dou como o mundo a dá. Não se perturbem os seus corações, nem tenham medo" (João 14.27).

Olhando a mesma questão de outro ponto de vista, a ansiedade tem sido um dos maiores males deste século, roubando nosso equilíbrio e estabilidade. Queremos soluções imediatas, respostas rápidas e controle absoluto, mas a Palavra nos ensina algo diferente: devemos transformar a ansiedade em oração. Quando lançamos sobre ele nossas preocupações, sua paz nos guarda e nos livra do peso que o mundo tenta impor sobre nós.

É importante lembrar que Deus nunca nos prometeu uma vida sem lutas. Pelo contrário, ele nos alertou: "Eu disse essas coisas para que em mim vocês tenham paz. Neste mundo vocês terão aflições; contudo, tenham ânimo! Eu venci o mundo" (João 16.33).

Querida leitora, Jesus viveu nesta terra desafiadora. Ele carregou em seu corpo as marcas do Evangelho da restauração e nos deu acesso à vida eterna pelo seu sangue derramado na Cruz. Às vezes, pensamos que entregar nossa vida a Deus significa que tudo sempre dará certo, sem dificuldades. Mas a verdade é que estamos em uma batalha espiritual, e precisamos das armas certas, isto é, as que encontramos em Cristo, para vencer os dias maus. Nossa alegria não está neste mundo, porque nosso destino é o Céu!

Jesus está lhe dizendo hoje: "Mulher, tenha bom ânimo! Se eu venci, você também vencerá". Ele vê todas as suas lutas e a fortalecerá diariamente pelo poder do Espírito Santo.

Quando não nos enchemos da paz de Deus, somos levadas pelo medo, que é uma arma demoníaca na nossa vida. Ele rouba a paz e nos leva ao lugar de prisão em que achamos que não temos capacidade alguma. Porém, a Bíblia diz: "No amor [de Deus] não há medo; pelo contrário, o perfeito amor expulsa o medo" (1João 4.18). A Palavra de Deus é o meio pelo qual ouvimos sua voz, e ela também nos dá paz.

A paz de Deus, quando verdadeiramente acessada, tem o poder de transformar qualquer realidade que enfrentamos. Em meio às turbulências da vida, a paz divina não apenas acalma o coração, mas também nos fortalece e nos guia por caminhos de sabedoria e clareza. É uma paz que transcende o entendimento humano, uma paz que nos permite enxergar além das circunstâncias e descansar na certeza de que Deus está no controle.

Vivemos em um mundo cheio de vozes — preocupações, ansiedades, opiniões externas, demandas diárias — e essas vozes abafam a voz suave de Deus, que quer nos guiar. Precisamos aprender a silenciar essas vozes e ouvir somente a voz de Deus, aquela que tem o poder de nos direcionar, nos orientar e nos dar a paz verdadeira. É a voz que encontramos em sua Palavra e em oração.

Você tem se sentido consumida por preocupações? Talvez seja uma área da sua vida, como relacionamentos, finanças, saúde ou carreira, em que a paz de Deus precisa entrar e fazer a diferença. A boa notícia é que Deus deseja nos tocar com sua paz em todas as áreas: não apenas nas grandes crises, mas também nas pequenas inquietações do dia a dia.

Quando as situações fogem do nosso controle, é natural que as emoções nos arrastem, especialmente quando se trata das pessoas que mais amamos. No entanto, pela graça divina, somos capacitadas a viver em sua paz, e não na desorganização emocional.

Que a paz de Deus entre no nosso interior a ponto de sermos conhecidas como mulheres cheias do Espírito Santo.

Promessas para receber:

- “Lancem sobre ele toda a sua ansiedade, porque ele cuida de vocês.” (1Pedro 5.7)
- “Em paz me deito e logo adormeço, pois só tu, Senhor, me fazes viver em segurança.” (Salmos 4.8)
- “Retorne ao seu descanso, ó minha alma, porque o Senhor tem sido bom para você!” (Salmos 116.7)

Pergunta para refletir:

Em qual área da sua vida você precisa deixar a paz de Deus a inundar?

Motivos para orar:

- Agradeça porque Cristo nos oferece uma paz que vai além de circunstâncias ruins.
- Agradeça pelo privilégio de podermos falar com Deus em oração, e de podermos ouvir sua voz na Palavra.
- Peça que ele lhe dê sua paz na situação que você e as pessoas que ama estão vivendo agora.

Dia 39

Aja apesar do medo

Ah, Senhor! Peço-te que envies outra pessoa.
ÊXODO 4.13

Em todas as áreas da vida, precisamos agir com coragem. Precisamos dela para enfrentar os desafios diários, para usar nossa voz em nome do Senhor neste mundo e para cumprir a missão que ele nos deu. É nessa hora que aparece o medo. Desde o Éden, o medo tem como foco nos afastar do propósito estabelecido por Deus. É extremamente desafiador tomar atitudes quando não nos sentimos confortáveis. O medo é um sentimento que quer nos fazer retroceder e desistir, por acharmos que não somos capazes. Felizmente, nosso Criador não desiste de nós, nos encontra nos esconderijos mais escuros e nos levanta para cumprir seu plano em nossa vida. A Bíblia está cheia de passagens em que ele nos diz: "Não tenha medo".

Uma história que ilustra isso é a de Moisés. Êxodo 1 narra que ele foi escolhido desde o nascimento para ser aquele que libertaria o povo de Israel da escravidão no Egito. Por providência de Deus, Moisés teve acesso ao melhor da educação e estudo que existia naquela época, e estava confiante de que poderia salvar seu povo. Certo dia, com 40 anos, ele tentou fazer isso, matando um egípcio para salvar um israelita (cf. Êxodo 2.11-15). Porém, foi descoberto e, com medo de ser morto pelo faraó, fugiu para outra nação. Essa foi a primeira vez que o medo paralisou Moisés.

Após muito tempo, já com 80 anos, Deus se revelou a ele em um arbusto em chamas e lhe disse: "Vá, pois, agora; eu o envio ao faraó para tirar do Egito o meu povo, os israelitas" (Êxodo 3.10). Com medo e talvez lembrando do passado, Moisés respondeu: "Quem sou eu para apresentar-me ao faraó e tirar os israelitas do Egito?" (v. 11). E a resposta de Deus foi uma promessa: "Eu estarei com você" (v. 12).

A promessa da presença de Deus é um elemento essencial na Bíblia. Ele diz: "Por isso não tema, pois estou com você; não tenha medo, pois sou o seu Deus. Eu o fortalecerei e o ajudarei; eu o segurarei com a minha mão direita vitoriosa" (Isaías 41.10). Porque Deus está presente, seu povo não tem motivos para temer. A expressão "eu o segurarei com a minha mão direita vitoriosa" nos lembra de Êxodo 15.6, onde a mão poderosa de Deus trouxe vitória e ânimo para Israel.

Mesmo com essa promessa tão grande, Moisés continuou com medo de aceitar o plano divino para ele, dando várias desculpas para o Senhor, como: "Eu não sei falar em público" e "As pessoas não vão me dar atenção", e terminou dizendo: "Ah, Senhor! Peço-te que envies outra pessoa" (Êxodo 4.13). A Bíblia fala que Deus se irou com Moisés, mas mesmo assim manteve seus planos para ele, e o encorajou a não desistir perante os desafios que encontraria no caminho da peregrinação.

Ele foi impulsionado por Deus a confrontar faraó, anunciando dez pragas que, por fim, convenceram aquele homem a deixar os israelitas partirem. Mesmo com medo,

Deus nos dará força para agir, porque nada pode impedir seu propósito para nós.

Mesmo depois de libertar o povo do Egito, ao ter que liderá-lo no deserto, um lugar desconhecido e inóspito, provavelmente Moisés teve medo também. O desconhecido sempre gera resistência. Porém, agora já havia experimentado tantos milagres e respostas de Deus que isso o sustentou em não olhar para trás, nem ceder à intimidação desse sentimento. E assim ele liderou um povo murmurador, rebelde e desconfiado até a terra prometida.

O medo nos aprisiona na zona de conforto e nos mantém presos aos problemas que enfrentamos no passado, bem como ao receio que temos do futuro. Foi exatamente o que aconteceu com o povo de Israel quando, em meio às dificuldades do deserto, questionou Moisés dizendo que era melhor morrer como escravo no Egito do que enfrentar os desafios rumo à terra prometida, veja:

> Disseram a Moisés: "Foi por falta de túmulos no Egito que você nos trouxe para morrermos no deserto? O que você fez conosco, tirando-nos de lá? Já não lhe tínhamos dito no Egito: Deixe-nos em paz! Seremos escravos dos egípcios! Antes ser escravos dos egípcios do que morrer no deserto!" Moisés respondeu ao povo: "Não tenham medo. Fiquem firmes e vejam o livramento que o Senhor lhes trará hoje [...] O Senhor lutará por vocês; tão-somente acalmem-se".

“Você precisa parar de viver na zona de conforto, na linha do limite, e finalmente ir além, apesar do que possa acontecer.”

> Disse então o Senhor a Moisés: "Por que você está clamando a mim? Diga aos israelitas que sigam avante." (Êxodo 14.11-15)

O Senhor já havia prometido que libertaria o povo e ordenado que deveriam seguir em frente, mas eles duvidaram e reclamaram. O medo fará você questionar as promessas e ordens que o próprio Deus lhe deu. O medo fez o povo preferir a falsa segurança da escravidão à incerteza do desconhecido, mesmo que isso significasse abrir mão da liberdade que Deus já havia decretado para eles.

Talvez a maior limitação que você precise vencer seja o medo do desconhecido. Você precisa parar de viver na zona de conforto, na linha do limite, e finalmente ir além, apesar do que possa acontecer. Não espere encorajamento de pessoas nem ver circunstâncias favoráveis, apenas siga a direção e a ordem que recebeu do Senhor. Moisés não foi motivado pela multidão, mas por obedecer a Deus.

Viver com medo nunca será a resposta. É necessário abandoná-lo, confiar na direção do Senhor e avançar, mesmo quando o caminho parece árido e desafiador. Ou você confia em Deus ou não confia. É uma decisão. A Palavra nos diz: "Pois Deus não nos deu um espírito de covardia, mas de poder, de amor e de domínio próprio" (2Timóteo 1.7). Deus já a capacitou com poder, amor e equilíbrio. Não permita que o medo a prenda na zona da dúvida. Obedeça. Decida avançar!

Promessas para receber:

- “Em Deus eu confio e não temerei. Que poderá fazer-me o homem?” (Salmos 56.11)
- “Mesmo que eu ande por um vale de densas trevas, não temerei perigo algum, pois tu estás comigo; a tua vara e o teu cajado me confortam.” (Salmos 23.4)
- “Estando os discípulos reunidos a portas trancadas, por medo dos judeus, Jesus entrou, pôs-se no meio deles e disse: ‘Paz seja com vocês!’ [...] Os discípulos alegraram-se quando viram o Senhor.” (João 20.19-20)

Pergunta para refletir:

Qual medo tem impedido você de obedecer a Deus, seguindo a direção que ele lhe tem dado?

Motivos para orar:

- Agradeça porque Deus é fiel em sua promessa de estar sempre conosco.
- Agradeça porque, apesar do nosso medo, ele não irá desistir de nós nem do plano que tem para nós.
- Peça que ele lhe ajude a dar pequenos passos de obediência e coragem no dia de hoje.

Dia 40

Sonhe com fé

Consagre ao Senhor o tudo que você faz,
e os seus planos serão bem-sucedidos.
PROVÉRBIOS 16.3

A Bíblia nos encoraja a ter sonhos, planos e projetos. E sonhar exige intimidade com Deus. Não é sábio sonhar de qualquer jeito; nossos sonhos devem estar alinhados com a vontade divina. Precisamos aprender a sonhar com o joelho no chão e a Bíblia na mão. Quando age assim, você está declarando que ele é o centro de tudo, a começar de sua vida. Busque em primeiro lugar o Reino de Deus (cf. Mateus 6.33). Seus sonhos não se tornam menores porque você os alinha com os planos do Senhor; pelo contrário, eles são aperfeiçoados.

Os sonhos de Deus são maiores do que os nossos. Quando buscamos o Senhor sobre todas as coisas, vemos que os sonhos que ele desperta em nós estão muito acima do que qualquer coisa que possamos imaginar. É como está escrito: “Olho nenhum viu, ouvido nenhum ouviu, mente nenhuma imaginou o que Deus preparou para aqueles que o amam” (1Coríntios 2.9). Quando Deus é autor dos nossos sonhos, os projetos que vêm dele vão além das nossas limitações. Servimos a um Deus de milagres e transbordamento.

Se Deus está chamando você para sonhar outra vez, ele já preparou os recursos, as conexões e o favor necessários para que seus sonhos se tornem realidade.

Um surpreendente exemplo que a Bíblia dá está no livro de Neemias. Vale a pena lê-lo, e é bem curto. Ele conta a história desse homem que teve o ousado sonho de reconstruir os muros derrubados de Jerusalém, para a glória de Deus. O Senhor providenciou tudo de que ele precisava: contatos, favor das autoridades, recursos materiais e pessoas dispostas a ajudá-lo a concretizar sua visão. Mesmo com inimigos fazendo oposição, seu sonho se tornou realidade em menos de dois meses.

Sonhar é importante. E sonhar com fé é ainda mais importante. Sonhar com fé não significa que Deus fará a nossa vontade, mas que ele pode fazer todas as coisas. Talvez você tenha deixado de sonhar por conta das frustrações que enfrentou ao longo da vida. Mas a Bíblia ensina que é a fé que destrava o sobrenatural. Sonhar com fé é crer que: "[Ele] é capaz de fazer infinitamente mais do que tudo o que pedimos ou pensamos, de acordo com o seu poder que atua em nós" (Efésios 3.20). O poder de Deus é ilimitado. Sua capacidade transcende nossas orações, sonhos e expectativas.

Uma vez que estivermos alinhadas à vontade do Senhor e tivermos fé em seu poder, então é hora de usar a estratégia e a sabedoria. Ainda que a palavra final seja de Deus, é da vontade dele que façamos planos (cf. Provérbios 19.21). Precisamos ter projetos e metas para o futuro. Devemos começar com um bom planejamento: "Os planos bem elaborados levam à fartura; mas o apressado sempre acaba na miséria" (Provérbios 21.5).

Uma estratégia sábia é não compartilhar seu sonho com pessoas erradas no momento errado. Afinal, a verdade é que um grande sonhador incomoda. Os irmãos de José o odiaram e perseguiram justamente por isso (cf. Gênesis 37.5). Não conte seu sonho cedo demais, nem para todo mundo. Revelar o sonho fora do tempo pode atrair perseguição e distração. Projetos compartilhados antes da hora podem ser enterrados por falsas direções. Neemias também foi sábio nesse sentido: "Não declarei a ninguém o que o meu Deus me pusera no coração para eu fazer em Jerusalém" (Neemias 2.12, ARA).

Por fim, depois de fazermos planos com sabedoria, não podemos ficar planejando a vida inteira. Também devemos agir. "O agricultor que espera condições de tempo perfeitas nunca semeia; se ele fica observando cada nuvem, não colhe" (Eclesiastes 11.4, NVT).

Talvez tenha chegado o tempo de você voltar a sonhar e pedir a Deus que sua bênção caia sobre você, para que os seus planos sejam prósperos conforme a vontade dele. Foi isso que outro personagem bíblico fez: "Jabez orou ao Deus de Israel: 'Ah, abençoa-me e aumenta as minhas terras! Que a tua mão esteja comigo, guardando-me de males e livrando-me de dores'. E Deus atendeu ao seu pedido" (1Crônicas 4.10).

E você, o que tem sonhado para a sua casa? Para o seu ministério? Para os seus filhos? Para a sua carreira? Para o seu casamento? Devemos voltar a sonhar. É tempo de sonhar os sonhos de Deus. Peça que ele revele os sonhos que você deve buscar, e, então, planeje, aja, espere e veja o que o Senhor fará.

Promessas para receber:

- "E não nos cansemos de fazer o bem, pois no tempo próprio colheremos, se não desanimarmos." (Gálatas 6.9)
- "Os líderes do povo são insensatos e não consultam o Senhor; por isso não prosperam." (Jeremias 10.21)
- "Ouçam agora, vocês que dizem: 'Hoje ou amanhã iremos para esta ou aquela cidade, passaremos um ano ali, faremos negócios e ganharemos dinheiro'. Vocês nem sabem o que lhes acontecerá amanhã! Que é a sua vida? Vocês são como a neblina que aparece por um pouco de tempo e depois se dissipa. Ao invés disso, deveriam dizer: 'Se o Senhor quiser, viveremos e faremos isto ou aquilo'." (Tiago 4.13-15)

Pergunta para refletir:

Alguma vez Deus realizou um sonho seu de forma muito maior do que você imaginara? Escreva-o aqui.

Em seguida, lembre-se desse sonho realizado como prova do poder e do amor de Deus por você, principalmente quando se deparar com sonhos que ele não concretizou.

Motivos para orar:

- Agradeça porque Deus nos permite sonhar e planejar coisas boas.
- Agradeça porque ele sempre ouve nossas orações e nos dá sabedoria e direção sobre os planos e sonhos que devemos ter.
- Peça que o Senhor lhe dê um coração que nunca deixe de sonhar com as grandes coisas que ele pode fazer, e que a ajude a não desanimar no caminho, mas perseverar com fé.

Agradecimentos

Esta obra não teria sido possível sem a direção e toque constante do Espírito Santo. É evidente que, sem ele, nada posso fazer; por isso, sou profundamente grata por poder oferecer este livro a tantas mulheres, como ferramenta poderosa de transformação.

Agradeço ao meu amado marido Hugo Brito, pelo companheirismo, pelas palavras de encorajamento e por acreditar tanto em mim e nos planos de Deus para minha história. Não tenho palavras para expressar minha gratidão a ele e a Deus por nosso filho Benício, que ressignificou minha vida através da maternidade. Hugo, sou grata pelos dias em que se dedicou, por horas, aos cuidados com nosso menino, permitindo que este livro ganhasse vida. Obrigada por me ouvir, por ser um instrumento de pastoreio em minha vida e por ser a pessoa que, depois de Jesus, foi minha melhor escolha. Você tem sido um verdadeiro meio de cura para as rejeições que se alojaram em meu coração.

Agradeço, de coração, à minha mãe Antonia, meu pai Ronaldo, minhas irmãs Bárbara e Bruna, meus cunhados Fabiano e Felipe, minha cunhada Soriane, meus sobrinhos e meus sogros Osvaldo e Sônia, por todo investimento e orações dedicadas a esse projeto.

Expresso meu carinho aos meus pastores, Cassi e André Valadão, por nos pastorearem com uma liderança inspiradora e saudável.

Minha eterna gratidão à minha comunidade de fé, às nossas amadas ovelhas da igreja local Lagoinha Cuiabá. Agradeço por toda dedicação de cada um à obra de Deus e por nos permitirem pastoreá-los com tanto amor. Obrigada pela intercessão da igreja, que contribui para a expansão do meu ministério.

Aos meus amigos, que têm sido alicerces firmes de aliança por anos, agradeço por compreenderem as renúncias que faço, em amor pela missão e pelo evangelho. A cada oração de vocês, sou grata por acreditarem em mim e me impulsionarem a ir além.

A todos envio o meu muito obrigada.

Sem vocês, nada disso teria sido possível.

Esta obra foi composta em *Dupincel VF*
e impressa por Gráfica COAN sobre papel
Offset 70 g/m² para Editora Vida.